国内外经典教材辅导系列·教育类

裴娣娜《教育研究方法导论》
笔记和典型题(含考研真题)详解

主编：圣才考研网
www.100xuexi.com

中国石化出版社

内 容 提 要

本书是裴娣娜主编的《教育研究方法导论》的学习辅导书。本书遵循该教材的章目编排，共分15章，每章由两部分组成：第一部分为复习笔记，总结本章的重难点内容；第二部分是典型题（含考研真题）详解，精选部分与教材相关的典型习题及参考价值较高的考研真题（含全国统考和高校自主命题），并提供详细解答。

圣才考研网（www.100xuexi.com）提供裴娣娜《教育研究方法导论》网授精讲班【教材精讲＋考研真题串讲】、电子书、题库。购买本书享受大礼包增值服务【本书电子书＋题库（手机版、电脑版）】。手机扫码（本书封底）领取本书大礼包。

图书在版编目（CIP）数据

裴娣娜《教育研究方法导论》笔记和典型题（含考研真题）详解/圣才考研网主编．—北京：中国石化出版社，2021.4
国内外经典教材辅导系列·教育类
ISBN 978-7-5114-6241-1

Ⅰ.①裴… Ⅱ.①圣… Ⅲ.①教育科学-研究方法-研究生-入学考试-自学参考资料 Ⅳ.①G40-034

中国版本图书馆CIP数据核字（2021）第069188号

中国石化出版社出版发行

地址：北京市东城区安定门外大街58号
邮编：100011 电话：(010)57512500
发行部电话：(010)57512575
http://www.sinopec-press.com
E-mail:press@sinopec.com
武汉市盛宏源印务有限公司印刷
全国各地新华书店经销

*

787×1092毫米 16开本 10.25印张 251千字
2021年6月第1版 2021年6月第1次印刷
定价：45.00元

序　言

我国各大院校一般都把国内外通用的权威教科书作为本科生和研究生学习专业课程的参考教材，这些教材甚至被很多考试(特别是硕士和博士入学考试)和培训项目作为指定参考书。为了帮助读者更好地学习专业课，我们有针对性地编著了一套与国内外教材配套的复习资料，并提供配套的名师讲堂、电子书和题库。

裴娣娜主编的《教育研究方法导论》是我国高校采用较多的教育学经典教材。作为该教材的配套辅导书，本书具有以下几个方面的特点：

1. 整理名校笔记，浓缩内容精华

每章的复习笔记以裴娣娜主编的《教育研究方法导论》为主，结合其他《教育研究方法》经典教材，并参考了国内名校名师讲授《教育研究方法》的课堂笔记，对本章的重难点知识进行了整理，因此，本书的内容几乎浓缩了该科目的知识精华。

2. 解析典型习题，巩固重点知识

本书精选部分与裴娣娜《教育研究方法导论》相关的典型习题，并进行了详细的分析和解答，对相关重要知识点做了一定的延伸和拓展。

3. 精选考研真题，培养应试能力

为了强化对重要知识点的理解，本书精选部分参考价值较高的考研真题(含全国统考和高校自主命题)，并提供详细解答。这些题目基本体现了各个章节的热点和难点。

要深深牢记：第一，目前，部分高校研究生院往往会给考研专业课指定一些复习参考书，这对备考考生来说，无疑是最重要的复习对象。但是，研究生入学考试作为一种选拔科研人才的竞争性考试，决定了考生必须对该专业的学术体系要有比较全面的了解，而不仅仅拘囿于一、两本参考书，基于此，本书对笔记的编写和题目的选择融合了整个学科的重要资源，而不是只以一本教材作为依据。第二，考研不同一般考试，概念题(名词解释)要当作简答题来回答，简答题要当作论述题来解答，而论述题的答案要像是论文，有的论述题的答案简直就是一份优秀的论文(其实很多考研真题就是选自一篇专题论文)，完全需要当作论文来回答。总之，答得多不扣分，答得少则可能漏掉采分点！

圣才考研网编辑部

目　录

第一编　教育研究方法的一般原理

第二编　教育研究的构思与设计

第三编　教育研究的基本方法

第一编　教育研究方法的一般原理

第1章　教育研究方法概述

1.1　复习笔记

【知识框架（庖丁解牛）】

- 教育研究方法概述
  - 教育科学研究方法的界说
    - 教育研究方法的基本概念
    - 教育研究方法学科的研究对象和理论体系
  - 教育研究方法的分类
    - 教育研究方法的四种研究水平
    - 教育研究方法的基本类型
  - 教育研究在教育科学发展中的作用
    - 促进教育改革的动力
    - 发展和完善教育科学理论的基础
    - 培养未来教育改革家的重要战略措施

【复习向导（切中肯綮）】

本章主要是对教育研究方法基本情况的介绍，其中涉及教育研究方法的基本概念、特点和研究范围，体系结构和分类等，明确了教育科学研究在发展教育科学中的重要作用。学习者需要重点掌握教育研究方法的基本概念和分类，并能够结合教育实践灵活应用。

【考点归纳（游刃有余）】

考点一、教育科学研究方法的界说

1. 教育研究方法的基本概念

表1－1　教育研究方法的基本概念

要点	具体内容
方法的概念	①为研究事物而采用的思维方式、物质手段及程序等的总和，是人们认识事物的“钥匙”。 ②是对研究活动本身的反思，其实质在于规律的运用，遵循规律就成了方法
教育研究的概念	①是一种发现和总结教育规律的认识活动，包括解释和预测教育现象。 ②以教育问题为对象，按照事先制定的计划，运用科学方法并遵循一定的研究程序去搜集、整理以及分析相关研究资料

续表

要点		具体内容
教育研究方法的概念		①是以科学方法为手段，遵循一定的研究程序，有组织、有计划、有系统地研究教育现象和构建教育理论的方式。 ②在教育问题和目的确定以后，教育研究方法就起着决定性的作用，教育研究方法运用得当，研究工作就会向正确的方向发展，否则，就会劳而无功
教育研究方法的特点	一般特点	①目的是研究教育问题或者解释教育现象，从而促进教育理论和实践的进步。 ②具有明确的研究问题和合理的研究假设。 ③要有科学有效的研究方法，从而保障研究资料的准确可靠，进而保证研究结果的严谨客观。 ④要具有创新性，对原有的理论体系有所突破，在原有研究基础上向前发展，从而推动理论的发展
	特殊特点	①有很强的综合性和整体性。 ②有很强的针对性和实践性。 ③研究的周期较长。 ④教育科研工作者与从事实践的教师的积极参与，有广泛的群众基础

2. 教育研究方法学科的研究对象和理论体系

表1－2　教育研究方法学科的研究对象和理论体系

要点	具体内容
研究对象	①教育研究方法学：关于如何研究教育问题的方法与过程的技术操作性知识体系，是系统化、理论化的研究过程和方法。 ②教育研究方法论：建构于研究方法基础之上的方法，是建立研究方法体系的方法和原则
理论体系	①教育科学研究的一般原理，包括基本概念、学科性质以及研究中的思维方法和应该遵守的方法论原则。 ②现代教育科学研究方法体系的建立及方法间的辩证关系。 ③教育理论的形式化、证明和评价的一般认识论原理。 ④教育科学研究结果的整理与表达，包括最新研究成果、研究方法、研究数据等

考点二、教育研究方法的分类

1. 教育研究方法的四种研究水平

(1)直觉观察水平，即资料收集水平，回答的问题是“发生了什么”。

(2)探索原因水平(内在效度)，回答的问题是“为什么会发生这种现象”，这是什么原因引起的，属于探究因果关系水平的研究。

(3)迁移推广水平(外在效度)，回答的问题是“在不同环境条件下将发生同样现象吗”。

(4)理论研究水平，回答的问题是“研究中有哪些潜在的基础理论原则”。

2. 教育研究方法的基本类型

表 1－3　教育研究方法的基本类型

要点	具体内容
按适用范围和概括程度划分	①适用于某一科学研究领域的特殊方法，是具体的科学方法论。 ②适用于各门科学的一般的研究方法。 ③关于认识世界、改造世界、探索实现主客观世界相一致的最一般的方法理论，即哲学方法论，包括唯物论和辩证法
按研究目的、功能、作用划分	①基础研究。回答“为什么”的问题，目的在于发展和完善教育科学的一般原理。 ②应用研究。回答“是什么”的问题，目的在于以实践来检验理论，评价它在解决教育实际问题中的作用。 ③发展研究。回答“如何改进”的问题，目的在于提高用于学校的各种教育策略的有效性。 ④评价研究。回答“怎么样”的问题，目的在于判断教育活动的效果。 ⑤预测研究。回答“将会怎么样”的问题，目的在于分析教育活动的未来发展趋势
按研究方法划分	①历史研究。涉及对过去发生事件的了解和解释。通过研究过往历史发生的原因、结果以及未来发展趋势，从而帮助教育工作者解释以及预测教育活动。 ②描述研究。通过多种研究方法搜集相关资料，进而验证研究假设或回答相关实际问题。 ③相关研究与比较研究。a. 相关研究是对两个或更多数量的变量间是否存在相关以及相关程度进行判定，研究目的在于建立相关或用于预测；b. 比较研究是按一定标准对彼此有联系的事物加以对照分析，以确定它们的共同点和差异点，共同规律和特殊本质，从而得出符合客观实际的结论。 ④实验研究。创设理想的实验环境以验证实验假设，探索教育活动中的因果联系。 ⑤理论研究。从具体的教育经验中抽象出一般性结论，揭示教育的普遍规律

考点三、教育研究在教育科学发展中的作用

1. 促进教育改革的动力

(1)通过教育研究，帮助大众树立科学的教育观，具有对教育活动的正确认识。

(2)通过教育研究，为提高教育质量与办学效益提供决策依据。

2. 发展和完善教育科学理论的基础

(1)通过教育研究，建立有中国特色的教育理论体系。

(2)通过教育研究，促进理论建设，开拓学科领域。

3. 培养未来教育改革家的重要战略措施

(1)通过教育研究，教育工作者能不断更新观念，促进自身知识结构不断改善并趋向合理。

(2)通过教育研究，教育工作者能更好地总结自身及他人的教育经验，并将之上升为科学的理论，进而提升整体教育水平。

(3)通过教育研究，教育工作者能得到科学方法论的训练，可以有效提高自身的理论素养，培养敏锐捕捉教育问题的意识和科学分析教育现象的能力。

(4)通过教育研究，青年教育工作者能得到系统的理论指导，进而少走弯路，早出成果。

1.2　典型题(含考研真题)详解

一、单项选择题

1. 下列关于教育基础研究和应用研究的描述，正确的是(　　)。[统考 2024 年研]

A. 基础研究规范要求高，应用研究规范要求低

B. 基础研究无实践价值，应用研究无理论价值

C. 基础研究由教育专家开展，应用研究由中小学教师开展

D. 基础研究重在发现和拓展知识，应用研究重在解决实践问题

【答案】D

【解析】①基础研究是指以揭示教育的本质和规律，丰富和完善教育理论为主旨的研究。它以认识为基本目的，以发展和完善教育理论为最高目的。②应用研究是指以描述教育现象，改善教育实践活动为主旨的研究。它以解决当下的、实际问题为目的。③两种研究都需要规范，都有理论和实践价值，且都可以由专家或中小学教师开展，不过一般基础研究较多由教育专家开展，应用研究较多由中小学教师开展。因此答案选 D。

2. 有关大脑神经递质如何影响学生记忆的研究属于(　　)。[统考 2017 年研]

A. 比较研究　　B. 基础研究　　C. 应用研究　　D. 预测研究

【答案】C

【解析】应用研究，是指为获得新知识而进行的创造性的研究，它主要是针对某一特定的实际目的或目标。题中，有关大脑神经递质如何影响学生记忆的研究有着明确的实际目的，属于应用研究。

3. 教育科学研究的目标是(　　)。[统考 2012 年研]

A. 指导教育实践　　B. 规范教育行为

C. 揭示教育规律　　D. 制定教育方针

【答案】C

【解析】教育科学研究的目的在于探索教育规律，以解决教育理论与实践问题。而科学对应的就是规律，故本题的正确答案为 C 项。

4. 近年来，一些教育研究者开始关注教育活动过程的动态生成、非线性特征及其中潜在的、无序的和偶然的因素。这种发展方向体现了教育研究的(　　)。[统考 2010 年研]

A. 经验 – 分析范式　　B. 社会批判范式

C. 诠释 – 理解范式　　D. 复杂思想范式

【答案】D

【解析】复杂思想范式是和世界的多样性、随机性、组织性、突变性、无序性等概念相对应的一种研究范式。复杂性思想关注随机性、不确定性、偶然性、潜在性、正是这些系统内外的不确定性因素，使客观世界变得复杂，使思维主体本身要具备一种新的指导思想(复杂性思想)去面对世界自身的复杂。关注教育活动过程的动态生成、非线性特征及其中潜在的、无序的和偶然的因素正是体现了教育研究的复杂思想范式。

5. 教育科学研究区别于自然科学、思维科学的特点不包括(　　)。

A. 有很强的综合性和整体性

B. 研究方法比较独特

C. 研究的周期较长；针对性、实践性强

D. 教育科研工作者与实践工作者的积极参与，有广泛的群众基础

【答案】B

【解析】教育科学研究区别于自然科学、思维科学的独特特点主要表现在：①带有很强的综合性和整体性；②研究的周期较长；③针对性、实践性强；④教育科研工作者与实践工作者的积极参与，有广泛的群众基础。

6. 按研究目的、功能、作用分，教育研究方法的基本类型包括(　　)。

A. 基础研究、应用研究、发展研究、评价研究、预测研究

B. 基础研究、案例研究、发展研究、评价研究、预测研究

C. 基础研究、应用研究、发展研究、评价研究、反馈研究

D. 理论研究、应用研究、发展研究、评价研究、预测研究

【答案】A

【解析】按研究目的、功能、作用分，教育科学研究方法的基本类型包括基础研究、应用研究、发展研究、评价研究、预测研究。

7. 教育研究在教育科学发展中的主要作用不包括(　　)。

A. 促进教育改革的动力

B. 为教育行政部门制定教育政策提供决策依据

C. 为教育政策法规的制定提供理论依据

D. 为提高教育质量与办学效益提供决策依据

【答案】C

【解析】有了教育的科学，才会有科学的教育。教育要现代化，要建立具有中国特色的教育体制，就必须通过教育研究，在转变教育观念，改革教育结构体系、内容方法等方面进行积极探索。教育研究在教育科学发展中的主要作用有：①通过教育科学研究，转变教育观念；②通过教育科学研究，探索教育体制、教育内容、教育方法改革的途径、手段，并为教育行政部门制定教育政策、提高教育质量与办学效益提供决策依据。

二、名词解释

教育研究[西南大学 2017 年研]

答：教育研究是以发现或发展科学知识体系为导向，通过对教育现象的解释、预测和控制，以促进一般化原理、原则发展的活动。教育研究作为科学研究的一种形式，它的突出特点是富有创造性。作为一种人类认识活动，不同于一般日常生活中认识活动，它具有很强的目的性和计划性，其宗旨是为了解决一定的教育问题。教育研究与所有科学研究一样，同样由三个基本要素组成：客观事实、科学理论和方法技术，同样执行着解释、预测和控制的功能，只不过是研究对象的特点不同。

三、简答题

1. 我国教育研究中的主要问题。［南京师范大学2018年研］

答：（1）教育研究的概念

教育研究是以发现或发展科学知识体系为导向，通过对教育现象的解释、预测和控制，促进一般化原理、原则发展的活动。教育研究与所有科学研究一样，由客观事实、科学理论和方法技术三个基本要素组成，其突出特点是富有创造性。

（2）我国教育研究中的主要问题

①目前，我国的教育研究忽视对教育实践的研究，不重视做典型实验；而在思辨分析中，又往往喜欢套用某些既定的公式，或者以一定结论为前提，通过推论得出结论；或者从某种固有的经典理论的模式出发，到实际中找例证。其结果是，由于未深入地研究教育实践，缺乏对教育活动规律的深刻揭示而使教育研究显得较为肤浅。

②在进行教育研究时，往往采取直线式、绝对化的、形而上学的思维方式。建国以来，教育领域的学术研究有不少经验教训，其中一个问题是没有很好地坚持以辩证唯物法为指导，要么肯定一切，要么否定一切，在纠正某一片面时又陷入另一种片面。

③对丰富的教育实践经验缺乏理论的概括总结。由于不善于把实践问题提炼成科学研究问题，进而转化为理论课题，导致我国很多研究成果停留在一般经验总结和感性认识层面。

④对外国教育理论及学派观点鉴别、批判不够。由于不能很好地用马克思主义立场、观点和方法去研究分析当代西方的学术理论思潮，往往走两个极端：或因循守旧，拒绝接受，一概排斥，或不加分析，全盘照搬，奉为经典。

⑤教育研究的方法，其中有不少方法是从其他学科移植而来的，缺乏自身的规范和标准，特别是涉及研究方法的基础理论建设还相对薄弱。

2. 简述教育科学研究方法的发展趋势。［武汉大学2014年研］

答：随着社会的进步和教育科学研究本身的不断深入和发展，教育科学研究方法出现了许多新特点、新趋势。具体而言，教育科学研究主要呈现如下发展趋势：

（1）研究理论化程度提高，强调理性作用，主要表现为强调理论的指导作用；理论的构造性、清晰性和概括性提高；理论地研究教育，关注构建完善系统的理论体系，用哲学认识论从多方面分析教育问题。

（2）教育研究方法多元化、多样性与统一性，主要表现为系统方法、数学方法等综合运用。

（3）关注教育研究的社会性和价值标准，主要表现为研究目的以价值导向为根本依据，强调应用价值；研究实施强调大教育观，采取系统结构的观点；研究方法强调人的主体性，重视非理性因素的作用；组织形式强调科研群体，使个体优势互补，结果评价具有明显价值取向性。

（4）教育研究具有可操作性，在提高理论化程度的同时，加强了教育实验研究，主要表现为强调教育实验并提高其科学水平；数学方法、计算机技术的发展促进研究定量化；现代教育信息技术的应用。

3. 教育科学研究在基础教育中的作用和意义。

答：教育科研是学校发展的理论支撑，是提高办学效益、办学质量，促进学校可持续发展的新动力。

(1)开展教育科研有利于转变教育思想，确立新的教育理念。思想是行动的先导，有了正确的教育思想，才可能产生正确的教育行为。端正教育思想，转变教育观念，一个重要方面就是必须开展教育科研，认识和把握中小学教育规律和特点，探索素质教育的办学途径。

(2)开展教育科研，有助于解决教育、教学实践中存在的问题，提高科学育人、科学管理的水平。教育是一种十分复杂的社会现象和社会活动，教育工作者必然会遇到各种各样的矛盾和问题。通过教育科研可以使教师自觉钻研教育理论并运用理论去了解、分析、研究各种教育现象和问题，逐步探索、揭示和掌握教育规律。通过解决各种教育矛盾和问题，促进学校的发展，提高教育质量和教育效益。

(3)开展教育科研，有助于形成学校的学术文化，提高办学品位，形成学校特色。通过教育科研不仅可以出科研成果，更重要的是增强师生员工的科研意识，提高他们的科学精神，使学校不断提升学术文化的水平。通过教育科研，能够出理论成果和实践成果，形成学校的"拳头产品"，从而形成学校的优势和特色。

(4)开展教育科研，有助于校本培训，能够提高广大校长和教师专业化水平，提升他们的教育科研素养。教师在参与科研活动中可以把教育理论和教学实践结合起来，提高运用教育理论分析、研究实际问题的能力，提高教育研究的水平。从培训角度看，参加教育科研本身就是一种培训教师的有效途径，可以说是一种校本培训。(教育科研有助于提高教师的教育理论水平，有助于提高教师的教育教学能力，有助于激发教师的自主意识和创造精神。)

(5)开展教育科研是教育决策科学化的根本保证。教育科研可以为教育决策的科学化提供理论依据和教育信息，可以进行超前论证，可以开展实验探索，提供科研成果，提出合理化建议。

(6)开展教育科研是提高教育教学质量的必要手段。对教育教学实践中不断出现的新情况、新问题，在科学理论的指导下进行探索、研究和实验，有助于揭示教育规律，解决教育问题，促进教育质量的全面提高。可以说，教育科学研究水平的高低，决定着教育教学质量提高的幅度。

4. 现代教育技术手段在教育科学研究中有哪些用处?

答：现代教育技术手段作为现代化的教学媒介传递教育信息，它们的应用必然引起教育科学研究中观察、实验、计算、逻辑推理、判断手段和方法革命性的变革，其意义和作用主要体现在以下几个方面：

(1)提高观察能力

现代教育技术手段可以帮助克服感觉器官的局限性，扩大观察的广度和深度，大大提高教育研究的观察能力。

(2)使观察、实验结果更客观真实

教育研究的观察、实验过程，往往会受到一些主观的或客观因素的影响，但利用摄像、录像等现代教育技术手段进行遥控远距离观察，记录实验过程，可以排除干扰，使观察、实验更加客观、真实。

(3)使观察、实验更为准确、定量化

人的直观感觉所得的结果一般多是定性的，但如果运用某些现代教育技术手段进行测量，则可以获得精细定量的数据，使教育科学研究不只满足于定性的自然描述，而且能了解到其中的数量关系，使研究结果更为准确、定量化。

(4)使教育研究资料能有效地被记录、存贮与重现

现代教育技术手段的运用，可以记录存贮多种多样的教育信息。如观察过程中最有代表性的、典型性的资料，教育研究的动态过程，大量的文字资料和数据等。这些被存贮的动态的或静态的图形和文字数据，又可以随时反复重现，有利于深入地研究和做各种形式的比较，使教育研究水平提高一大步。

(5)使教育研究数据处理手段发生根本变革

电子计算机具有高速、精确的运算和数据处理能力，它不仅能对教育数据进行迅速的统计分析、节省人力时间，还可以把数据采集－统计处理－结果显示即时一次完成，及时做出分析判断。同时通过计算机的有效数据处理功能，使教育研究资料的分类、存贮、检索手段也发生了根本的变革，使教育研究的效率和水平进入新的高度。

第2章　教育研究方法的历史发展

2.1　复习笔记

【知识框架（庖丁解牛）】

- 教育研究方法的历史发展
  - 教育研究方法发展的历史阶段及基本特征
    - 直觉观察时期（从古希腊至16世纪）
    - 分析为主的方法论时期（17世纪至19世纪末、20世纪初）
    - 形成独立学科时期（20世纪上半叶）
    - 现代教育研究方法论的改良（20世纪50年代后）
  - 影响教育研究及其方法发展的基本因素
    - 哲学认识论与教育研究
    - 科学技术发展与教育研究
    - 教育理论和实践的发展与教育研究
    - 相关学科的发展与教育研究
    - 社会文化传统与教育研究

【复习向导（切中肯綮）】

本章主要介绍了教育研究方法发展的历史阶段及基本特征，以及影响教育研究方法发展的基本因素。对本章知识的学习，有助于学习者历史的把握教育研究方法的基本概念及多方面联系，从而具体揭示教育研究方法发展的基本规律。

【考点归纳（游刃有余）】

考点一、教育研究方法发展的历史阶段及基本特征

1. 直觉观察时期（从古希腊至16世纪）

表2-1　直觉观察时期（从古希腊至16世纪）

要点	具体内容
概况	①从古希腊至16世纪，教育研究方法论处于直觉观察时期，人们把教育视作整体来考察，而无法对它进行解剖分析。 ②无论唯物论或辩证法思想都带有原始的、自发的、朴素的性质最高成就，中国古代的教育观和亚里士多德的逻辑学中的方法论思想代表了当时教育研究方法的最高成就
古代中国	①统治阶级的根本利益是教育问题的立足点，伦理道德教育是教育内容和方法的主要部分。 ②采用观察法以及归纳、演绎和类比的思维方式对教育现象进行研究并形成理论。 ③辩证法被初步运用，形成了朴素的系统观。 ④不同的教育研究方法思想观点取决于各学派的哲学观、自然观、社会观和教育观

续表

要点	具体内容
古代西欧	亚里士多德及希腊哲学家们提出系统的推理方法——逻辑法，以“归纳－演绎”的程序从观察到的现象归纳出一般原理，又从一般原理中演绎出个别的结论

2. 分析为主的方法论时期(17 世纪至 19 世纪末、20 世纪初)

表 2－2　分析为主的方法论时期(17 世纪至 19 世纪末、20 世纪初)

要点	具体内容
概况	①近代科学产生后，在哲学上，形成了经验论和唯理论两个派别，教育研究进入了以分析为主的方法论时期。 ②培根、笛卡尔和康德等人的方法论对夸美纽斯、裴斯泰洛齐、赫尔巴特、福禄倍尔等的教育思想产生深刻的影响
特征	①从经验的描述上升到理论的概括。 ②方法论同认识论相糅合，并初步形成了归纳法和演绎法。 ③心理学思想被引入教育研究中。 ④自然科学中的实验方法被移植到教育研究中

3. 形成独立学科时期(20 世纪上半叶)

表 2－3　形成独立学科时期(20 世纪上半叶)

要点	具体内容
概况	①教育学科的专业化加强，教育研究方法的独立性开始凸显。 ②这一时期，杜威、桑代克、拉伊和梅伊曼等对教育研究做出突出贡献
特征	①教育科学研究方法从哲学方法论中分化出来，成为独立的专门研究领域。 ②构成教育科学研究方法体系的大部分方法是从其他学科移植而来的。 ③教育研究方法逐步形成了独立的学科，并朝细分学科方向发展，各种理论流派风起云涌。 ④实用主义、马克思主义、心理学等直接影响着教育科学研究方法的发展

4. 现代教育研究方法论的改良(20 世纪 50 年代后)

表 2－4　现代教育研究方法论的改良(20 世纪 50 年代后)

要点	具体内容
概况	过去那种静止的、单一的思维方式被动态的、多元的思维方式代替；以方法论为核心的哲学反思成为获取科学突破的重要条件
特征	①直观性减少，抽象化提高，逻辑思维方法更加精密化、复杂化。②不同学科相互渗透，产生了一些新兴学科和边缘学科。 ③原有的理论体系、科学原则受到冲击，新的理论范畴和研究范式逐渐发展。 ④科学研究手段的综合性越来越高

续表

要点	具体内容
需要解决的问题	①科学的分化与综合要求处理好一般方法与具体方法、共性与个性的关系。 ②边缘与交叉学科的出现要求处理好历史与逻辑、理论与实践、多元化与整体性的统一等问题。 ③系统科学的应用要求处理好整体与部分、系统与要素、结构与功能、信息与控制、规律与预测的关系。 ④现代数学的应用要求处理好定量分析与定性分析相结合的问题。 ⑤现代教育学的发展要求处理好理论与实践、继承与创新等问题

考点二、影响教育研究及其方法发展的基本因素

1. 哲学认识论与教育研究

表 2－5　哲学认识论与教育研究

要点	具体内容
关系	教育科学研究方法论渗透并融合于哲学认识论，只有运用哲学思维，才能合理解释该问题
两大阵营	①科学主义的(分析的、经验论的)实证主义观点。强调用量表进行实验，模仿自然科学，用数学工具来分析经验的、可定量化的现象，目的在于确定事物间的因果关系。 ②人文主义的(现象学、解释学)反实证主义观点。强调定性的、理解的、解释的方法，是从人文科学推衍而来的，注重整体和定性的信息以及说明的方法
马克思主义指导思想	马克思主义哲学是人类认识世界、改造世界的一般方法原则，要使研究方法论科学化，必须以马克思主义的辩证唯物主义和历史唯物主义为指导

2. 科学技术发展与教育研究

科学技术发展对教育科学研究方法论的影响表现为：

(1)科学技术发展对教育研究手段的变革提供了必要的可能条件。

(2)科学技术发展所引起的思维方式的变革也能对教育科学研究方法论发展产生深刻影响。

3. 教育理论和实践的发展与教育研究

表 2－6　教育理论和实践的发展与教育研究

要点	具体内容
概述	教育理论和实践是教育研究的基础和动力
对研究方法论的决定作用	①新问题的提出与解释是促进研究方法发展的最活跃的因素。 ②作为研究的对象的教育现象规定和制约着研究方法的性质和特点
教育发展与教育研究的相互关系	①教育理论中蕴含着相应的方法论，这表现为：一方面教育理论提供了认识的逻辑范畴和思维方法，另一方面还制约着研究工作的方式和水平。 ②通过争辩、互补、包容、深化和扩展不同的教育观点与体系，既促进了教育科学的发展，又将产生了各式研究方法论。 ③统一了累进性演变和革命性演变，与教育的历史发展趋势相一致

4. 相关学科的发展与教育研究

表 2-7 相关学科的发展与教育研究

要点	具体内容
概述	相关学科是教育研究的理论支点和方法来源，两者关系密切
心理学	①心理学为教育研究提供科学依据。 ②心理学和教育研究具有部分共同的研究课题和研究方法
生理学	①神经系统是人类实现认识活动的主要物质基础。 ②对大脑科学的研究为给教育领域提出了许多新课题，同时也带来了许多新启示
其他	语言学、社会学、人类学、生态学等新成果也不断地被吸收进教育研究中

5. 社会文化传统与教育研究

表 2-8 社会文化传统与教育研究

要点		具体内容
中西文化对比	中国	①大一统观念。 ②重义轻利的封闭结构。 ③注重直觉和直觉经验，缺乏理性的思维方式
	西方	①注重现实。 ②“一”与“多”对立统一的思维模式。 ③注重理性思辨的致思途径
中国教育研究基本模式的特点		①重视经验描述，轻视理论概括。 ②恪守先王之道，谨遵往圣之学。 ③教育与科学技术发展的研究脱节，与自然哲学研究脱节。 ④喜欢用笼统的、具有无限容量的概念和表达方式，偏重定性分析而忽视定量分析

2.2 典型题(含考研真题)详解

一、单项选择题

1. 在研究方法上带有明显科学主义倾向的教育流派是(　　)。[统考 2019 年研]

A. 新传统派教育学　　B. 实验教育学
C. 存在主义教育学　　D. 文化教育学

【答案】B

【解析】实验教育学是 19 世纪下半叶在欧洲形成的以实证主义为主流的科学主义思潮，提倡把实验心理学的研究成果和方法运用于教育研究，在研究方法上带有明显科学主义倾向。实验教育学的代表人物为德国教育家拉伊。

2. 主张用“理解和解释”研究教育问题的教育学派是(　　)。[统考 2018 年研]

A. 实验教育学　　B. 文化教育学
C. 实用主义教育学　　D. 批判教育学

【答案】B

【解析】A 项，实验教育学是一种以教育实验为标志的教育思潮。实验教育学的特点在于用自然科学实验的方法来研究教育问题，强调对研究现象加以简化，来观察实验对象在教育过程中的发展、变化特点，揭示教育原理，确立教育原则。C 项，实用主义教育学是 19 世纪末 20 世纪初在美国兴起的一股教育思潮，其代表人物有美国哲学家、教育学家杜威和克伯屈等人，主张通过儿童的经验来研究教育问题，提倡让儿童在学习的过程中独立探讨、发现等。D 项，批判教育学的代表人物是保罗·弗莱雷、阿普尔、鲍尔斯等人，认为教育从来不是公平的，不能用唯科学的方式研究，而应该用客观的批判思维进行研究。B 项，文化教育学，又称精神科学教育学，是 19 世纪末以来出现在德国的一种教育学说，文化教育学主张人是一种文化的存在，教育要用“陶冶”和“唤醒”培养完整的人格，用理解和解释的方法研究教育问题，当选。

3. 下面(　　)不属于教育研究方法发展的历史阶段。

A. 直觉观察期

B. 心理分析为主的方法论时期

C. 形成独立学科时期

D. 现代教育与现代教育研究方法论的变革期

【答案】B

【解析】教育研究方法发展的历史阶段依次为：直觉观察期(从古希腊至 16 世纪)，分析为主的方法论时期(17 世纪至 19 世纪末、20 世纪初)，形成独立学科时期(20 世纪上半叶)，现代教育与现代教育研究方法论的变革期(20 世纪 50 年代以来)。

4. 在近代科学产生以前的教育研究方法论是在(　　)基础上的直觉观察时期。

A. 朴素唯物论　　B. 辩证唯物论

C. 辩证唯心论　　D. 经验论

【答案】A

【解析】在近代科学产生以前，教育研究方法论是在朴素唯物论基础上的直觉观察时期。在这一时期，人们还不能对自然界、社会、教育进行解剖分析，他们把教育当作一个整体进行观察研究。

5. 影响教育研究及其方法发展的基本因素不包括(　　)。

A. 哲学认识论、科学技术发展

B. 国民的基本素质

C. 教育理论和实践的发展

D. 相关学科的发展、社会文化传统

【答案】B

【解析】教育研究方法论的发展受到多方面因素的影响：①哲学是从客观世界的普遍联系中去研究事物，提供研究自然界、社会和人类思维一般规律的方法论原理；②科学技术发展对教育科学研究方法论具有一定影响作用；③教育理论和实践的历史发展正是教育科学研究方法发展的基础和根本动力；④心理学、生理学、脑科学、语言学、人类学、社会学、生态学、信息科学、创造学、数理逻辑及模糊数学等，作为教育研究的理论基础，其发展极大地影响着教育研究的发展水平；⑤一定的社会文化传统对教育研究及其方法的发展同样有深刻影响。

二、简答题

1. 简述影响教育科学研究方法的基本要素。

答：影响教育科学研究方法的基本要素主要有：

(1)哲学认识论

①任何教育科学研究方法论都脱离不了一定的哲学认识论，研究教育必须把教育问题放在哲学思想背景下加以考虑，才能做出比较合理的解释。教育科学研究方法论总是与哲学认识论相互渗透、融合为一体的。

②不同的哲学认识论基础，决定不同的方法论特点。如现代的科学主义与人文主义两大哲学思潮直接影响了教育研究方法的价值取向。

(2)科学技术的发展

①在一定科学技术发展水平上所建立的自然科学和社会科学研究方法对教育研究的直接渗透、移植，并为教育研究手段的变革提供了必要的可能条件。

②科学技术发展所引起的思维方式的变革对教育科学研究方法论发展所产生的深刻影响。

(3)教育理论和实践的发展

①教育科学发展的历程也是科学探究的历程，教育理论和实践的历史发展正是教育科学研究方法发展的基础和根本动力。

②教育家们的教育理论中蕴含着相应的方法论，不同的教育观点间的争辩形成各种不同的教育科学研究方法论，因而，教育科学研究方法的历史发展趋势与教育的历史发展趋势是一致的，表现为累进性演变和革命性演变的统一。

(4)相关学科的发展

心理学、生理学、脑科学、语言学、人类学、社会学、生态学、信息科学、创造学、数理逻辑及模糊数学等，作为教育研究的理论基础，其发展水平极大地影响着教育科学研究的发展水平。

(5)社会文化传统与教育科学研究

①一定的社会文化传统对教育科学研究及其方法的发展有深刻的影响。

②不同区域、不同文化传统下的教育科学研究方法，也呈现出不同的特点。

2. 简述实证主义教育研究范式的基本特点。

答：实证主义教育研究范式的基本特点主要体现在以下方面：

(1)实证主义范式的出发点

①就教育研究领域而言，在实证主义范式介入之前，研究者们主要采用的是经验类推或哲学演绎式的研究“范式”，如17世纪教育学家夸美纽斯所进行的教育学研究。

②实证主义范式兴起后，则强调通过观察、实验、数学工具、因果推理等来对研究对

象加以说明或解释。

(2)实证主义范式关注的主要方面

①实证主义范式在本体论上认为教育现象和规律是客观存在的、不受主观价值因素的影响；在认识论上强调客观事实独立于认识主体之外，因而研究者应该保持价值中立，以保证通过经验的手段获得客观的资料和认识；在方法论上认为方法可以独立于对象，具有普遍适用性，并强调通过量化的方法。

②其所采用的“假说－演绎法”思路使得其研究程序表现为：在研究开始时形成一定的假说，界定有关的变量并假设它们具有因果关系，然后通过某些观测工具考察这些变量；其中，实验研究还强调验证预定的假设。

(3)实证主义范式评价研究质量的主要指标

一般来说，采用实证主义范式的研究往往较多地采用定量研究的方法、手段和工具；相应地，在评价研究质量的上述内容时主要考察如下指标：

①标准化的研究工具。考察教育现象常常通过定量化、标准化的研究工具，如调查问卷、测验、有结构的观察项目系统等，以便获得系统的、确定的资料。

②有代表性的抽样技术。通过合理的抽样技术选取研究对象，以使研究结果中出现的差异能被归因于研究中的原因变量(如实验研究中的自变量)，而不是因为研究者的个人偏见而产生的。

③确立研究变量的规范。相信各种现象可以用数量的形式来呈现，为此，需要将所研究的现象分成不同的变量，并通过定量化的手段考察变量。

④控制干扰变量的手段。还需要考察研究者是否通过合理分配研究对象、安排研究程序等多种手段控制干扰变量，以防它们干扰所获信息的客观真实性。

⑤符合线性因果观的论证过程。在以假设为基础而设计研究程序和工具、搜集客观资料的基础上，研究者需要运用归纳论证的方法检验假设并确立这种线性因果关系，从而获得确定性的认识。

⑥检验假设时精确的统计处理。研究者还要进行必要的描述统计、推断统计处理，从而获得精确的描述和推论。

3. 结合我国教育工作及教育学术界的实际，说明教育研究的必要性。

答：教育研究是用教育理论去研究教育现象和教育问题，探索新的未知的教育规律及有效的教育途径和方法，以解决新问题、新情况的一种科学实践活动。有了教育的科学，才会有科学的教育，开展教育研究对我国教育理论和实践的发展十分必要。

(1)从教育理论发展的角度看，我国的教育科学还不成熟，教育学术界还面临着许多重要问题需要研究，对教育规律的研究还不够深入，教育理论中许多观点还存在争议，教育理论对教育实践的指导作用没有充分发挥，开展教育研究能够为探索教育规律，为教育实践提供指导，能够丰富我国教育科学理论宝库，促进教育科学发展。

(2)从教育工作的实践看，在教育实践的发展中出现了很多新问题，比如教育公平问题、教育收费机制改革、教师专业化、教育信息化、农村义务教育、招生考试制度改革、高校毕业生就业、新课程改革、素质教育等等，这些问题都十分重要，能否妥善解决这些问题，关系到我国经济和社会发展的全局，必须认真加以研究。教育要实现现代化，要建立具有中国特色的教育体制，就必须开展教育研究，在转变教育观念，改革教育结构体系、内容方法等方面进行科学研究，开展教育研究能够为深化教育改革提供科学依据，能够提高教师素质，提高教育质量，促进教育实践的发展。

4. 简述20世纪以来教育研究的发展趋势。

答：概括起来说，20世纪教育研究呈现出如下几个方面的发展趋势：

(1)研究方法从偏重实证转向综合化方向发展

19世纪教育研究实证化运动并未给教育理论或实践带来期望中的重大进步，它所要竭力摆脱的哲学，依然对教育理论的发展起着重要作用。一方面，各种哲学流派如要素主义、改造主义、永恒主义、分析主义、存在主义、现象学、释义学、文化哲学等都对教育理论和研究方法的发展产生了影响；另一方面，20世纪中期诞生的系统科学，提供了整体结构研究的思维方式，也给教育研究的思维方法和技术带来越来越广泛的影响。

(2)研究范围扩大，向着现实化和结构化的方向发展

教育研究范围的扩大主要表现为研究视野不再局限于学校教育，而是对教育与社会关系等宏观问题也予以关注；后面这类研究形成了教育经济学、教育政治学、教育人口学、教育生态学等一系列相关的交叉学科。教育研究比以往任何时候都要关注现实问题，这促进了教育研究应用层面的形成。近几十年来，课程改革、教育制度、教育民主化、教育规划及教育评价、教育测量等研究，已经成为世界各国共同关注的问题。

(3)研究的相关学科拓宽更新，反思意识加强

对复杂的、多层次的教育现象的认识，已经不可能只依靠一两门学科，而需要相关学科群提供不同的或综合的视角。教育学科群的分层与教育研究对象的分层相对应。如宏观研究不只是与社会学相关，还需要有经济学、政治学、法学、文化学、人类学、历史学、未来学、预测学、规划学等多学科的参与。此外，科学研究方法论的进步也给教育研究发展以深刻的影响。20世纪兴起并得到长足发展的科学学及科学哲学，唤醒了对作为整体的科学的反思意识，同时也影响到各门具体的学科。教育研究中以教育学科自身为对象的研究领域或学科，如对教育学科性质及理论基础的研究、元教育学研究、教育学科发展史、教育研究方法论等也发展起来。

三、论述题

试述教育科学研究方法发展演变的基本脉络。

答：教育科学研究方法是按照某种途径，有组织、有计划、系统地进行教育研究和构建教育理论的方式，是以教育现象为对象、以科学方法为手段，遵循一定的研究程序，以获得教育科学规律性知识为目标的一整套系统研究过程。教育科学研究方法的发展演变经历了如下几个阶段：

(1)直觉观察时期(从古希腊至16世纪)

①教育研究的起点，是从当时社会发展的要求和统治阶级的根本利益出发，在教育内容和教育方法上则以道德教育为主。

②采用观察、归纳、演绎和类比的思维方式对教育现象进行研究并形成理论。

③辩证法的初步运用以及朴素的系统观。

④各种学派基于不同的哲学观、自然观、社会观和教育观，而形成不同的教育研究方法思想。

在这一时期，人们还不能对自然界、社会、教育进行剖析，他们把教育当作一个整体进行观察研究，无论唯物论或辩证法思想都带有原始的、自发的、朴素的性质。

(2)分析为主的方法论时期(17 世纪至 19 世纪末 20 世纪初)

①从经验描述上升到理论的概括，把教育当作一个发展过程来研究，不仅描述现象的特点，而且着重揭露现象间的联系和发展历程。

②教育研究方法在很大程度上是同认识论糅合在一起的，并初步形成归纳法和演绎法。

③心理学思想开始成为教育科学研究方法论的理论基础。

④反对权威专断，主张教育要适应自然，并从自然科学中移植“实验方法”。

(3)形成独立学科时期(20 世纪以来)

①教育科学研究方法从哲学方法论中分化出来，成为独立的专门研究领域。

②构成教育科学研究方法体系的大部分方法是从其他学科移植而来的。

③教育科学研究方法理论中的基本派别——进步的与传统的、实证的与思辨的、实用的与理论的流派进一步分道扬镳，各自的发展研究为方法论的发展开拓了新的领域。

④由于受西方实用主义教育哲学的影响，明显地表现出实用主义倾向。

⑤在教育科学研究方法形成独立学科的同时，教育科学领域内分科的学科研究方法取得显著进展。

⑥马克思主义辩证唯物论的产生和广泛传播、心理学及心理研究方法的发展，直接影响着教育科学研究方法的发展。

(4)现代科学发展与教育科学研究方法的变革

①现代教育科学研究方法的变革与科学发展的历史紧密相连，主要表现在：

a. 科学对自然和社会研究的日益广泛和深入，使科学研究中直观的程度减少，抽象化的程度提高，产生了逻辑思维方法高度发展的必要性。

b. 不同学科的互相渗透、在原有学科的邻近领域产生了新的学科生长点，这已成为当代科学发展的一个重要特点。正是科学的进一步分化和综合性增强，产生了系统论等具有方法论意义的新学科，同时促进了综合思维方式的发展。

c. 现代科学发现了一系列原有科学理论体系不能解释和说明的新事实，破坏了科学体系的原有原则和思维前后一贯的逻辑严密性，产生了现代科学范畴体系的许多根本性变化，同时促使逻辑方法向前发展。

d. 科学研究课题的复杂性在日益加强，随之而来的科学研究手段日益复杂、精密，科学研究日益成为集体的、综合的事业。由此产生了科研课题的各个不同方面、不同层次的相互配合、相互协调的必要性，产生了协调科学研究不同层次和不同方面的方法论。

②由于科学的发展和方法论的深刻变革，给现代教育科学研究方法论提出了一系列新的需要解决和回答的问题。这些问题包括：

a. 当代科学走着既分化又综合的发展道路，在方法论方面产生了共性与个性的不同要求，如何处理好一般方法与具体方法、共性与个性的关系问题。

b. 教育科学的分化，特别是边缘和交叉学科的不断出现，促使教育科学研究方法日益复杂，呈现多元化发展趋势，这就提出了教育科学方法论体系重新构建的要求，涉及方法论中历史与逻辑的统一、理论与实践的统一、多元化与整体性的统一等根本问题。

c. 教育科学理论的形成发展及其逻辑有效性的条件等问题。

第3章　现代教育科学研究的基本思路及方法论原则

3.1　复习笔记

【知识框架(庖丁解牛)】

现代教育科学研究的基本思路及方法论原则
- 现代教育科学研究发展的趋势
- 教育科学研究应遵循的方法论原则

【复习向导(切中肯綮)】

本章主要介绍了教育科学研究的基本思路以及应该遵循的方法论原则。学习本章内容，有助于学习者科学地把握现代教育研究的科学规律，坚持正确客观的方法论。本章的考查目标在于理解教育科学研究应遵循的方法论原则。

【考点归纳(游刃有余)】

考点一、现代教育科学研究发展的趋势

表3－1　现代教育科学研究发展的趋势

要点	具体内容
提高理论的构造性、清晰性、预见性	当代教育理论都在努力提高研究的理论概括程度，关注构建完善系统的理论体系，并从哲学认识论高度多方面地分析教育问题
教育研究方法的统一性与多元性	①西方教育研究方法发展的多元趋势：心理学、生物学、社会学、符号学、文化学等研究方法被广泛应用于教育研究中。 ②对西方教育研究方法多元化的理解： a. 对教育本质的不同理解而分化出不同的研究方法，但都有一定缺陷。 b. 这种分化反映人们对教育认识的逐渐深化。 c. 众多研究方法大致可归为两大潮流：科学主义导向和人文主义导向
现代科学研究成果及其研究方法的移植	①系统方法注重从整体上研究事物的结构、层次、过程、关系和信息反馈等，把辩证法中普遍联系、相互作用、运动发展、量变质变等范畴进一步具体化。 ②系统科学为人们提供了科学描述事物发展的内部机制和规律的研究方法论——结构方法，不仅指导人们对教育领域内原有的不合理的系统结构进行调整改革，同时也为人们提供了研究的思维方式。 ③以信息论观点和方法研究教学过程，把教学过程作为信息传递和信息转换的过程，通过对信息流程的分析和处理来达到对教学过程的优化控制

续表

要点	具体内容
关注教育研究的价值标准	①在研究目标上，以价值导向作为根本依据。当代教育研究不仅研究理论体系的构建，同时更强调研究的应用价值。 ②在研究过程的实施上，从片面追求量化研究到更关注定性研究，并使定性与定量研究结合。 ③在研究结果的评价分析上，从追求所谓评价的科学客观性、直观性到全面衡量价值标准上的差异以及评价目标的多元化
教育研究的可操作性	①教育实验研究越来越受到重视。 ②数学方法和计算机技术促进教育研究数学化、形式化的发展

考点二、教育科学研究应遵循的方法论原则

表 3－2　教育科学研究应遵循的方法论原则

要点	具体内容
马克思主义哲学是现代教育科学研究的方法论基础	①提供了科学的思维方法。 ②传达了全新的教育理念。 ③开辟了众多的研究领域
自然科学、社会科学、思维科学方法论的合理移植和借鉴	不能生搬硬套，要结合本领域的具体问题进行再创造
数学方法的合理应用，定性与定量研究结合	定性与定量的结合对“质”的反映更深刻、更精确、更全面，得出更科学、更完整、更符合事实的结论
从国情出发，批判、继承与创新	①从中国国情出发。 ②批判继承中华民族优秀的文化教育传统。 ③总结教育实践经验，实现从经验事实向科学理论转化。 ④借鉴和吸收国外先进教育思想和方法

3.2　典型题(含考研真题)详解

一、单项选择题

1. 为了更好地倾听和理解残疾人大学生接受高等教育的感受，某研究者选取了 3 名残疾人在读大学生，请他们讲述在高校学习和生活中记忆深刻的体验和经历，据此形成《隔离与融合：残疾人的大学生活》研究报告，该研究属于(　　)。[统考 2024 年研]

A. 行动研究　　B. 叙事研究　　C. 民族志研究　　D. 扎根理论研究

【答案】B

【解析】叙事研究是一种质性研究方法，它通过收集、分析和解释个体或群体的故事、经历或生活史来探索和理解人类经验的意义。叙事研究的核心在于理解人们如何通过讲述自己的故事来构建身份、意义和现实。题干中，请残疾人大学生讲述高校生活经历，属于讲故事，故为叙事研究。因此答案选 B。

2. 在某研究中，研究者从学生对作业量，作业难度及教学进度的感知来了解学生的课业负担情况，这遵循了教育研究的(　　)。[统考 2020 年研]

A. 操作性原则　　B. 检验性原则　　C. 公共性原则　　D. 伦理性原则

【答案】A

【解析】教育研究的原则包括客观性原则、创新性原则、公共性原则、操作性原则、检验性原则、理论联系实际原则、定量与定性相结合原则、伦理原则等，其中，操作性原则是指教育研究中所使用的概念术语要有明确的可操作的语义规定，以便对其进行定性或定量的考察。其表现为将抽象的概念转化为具体可观测的变量和指标，用变量语言将抽象命题表述为可直接检验的具体命题。“利用作业量、作业难度、教学进度来了解课业负担”属于操作性原则。

3. 下面有关教育研究的价值标准的阐述，(　　)不正确。

A. 在研究目标上，以价值导向作为根本依据

B. 在研究的准备阶段，充分重视主体的能动性原则

C. 在研究过程的实施上重视人的主体性发挥及非理性因素

D. 在研究结果的评价分析上摒弃“教育的发展是单纯知识传递、积累的过程”的片面认识

【答案】B

【解析】当代教育研究不仅重视理论体系的构建，同时更强调研究成果的应用价值；在研究过程的实施上，明确提出伦理的考虑，并且强调把教育放在社会大环境中加以考察，重视人的主体性发挥，重视非理性因素；在研究结果的评价分析上，抛弃了过去那种仅把教育的发展看成单纯知识传递、积累的过程。从追求所谓评价的科学客观性到全面衡量价值标准上的差异以及评价目标的多元化，尽管还存在不少有待研究的问题，但是毕竟在更切合客观实际方面向前迈进了一步。

4. (　　)是现代教育科学研究的方法论基础。

A. 马克思主义哲学　　B. 笛卡尔的唯理论

C. 康德的古典哲学　　D. 弗雷格的分析哲学

【答案】A

【解析】马克思主义方法论就是唯物辩证法，它对人们进行教育科学研究有重大的指导意义。马克思主义哲学是现代教育科学研究的方法论基础。

5. 要实现从经验事实向科学理论的转化，必须把握的基本点不包括(　　)。

A. 教育实践活动是教育科学理论发展的基础和源泉

B. 科学的抽象在促使经验事实向科学理论转化并保持二者动态的一致中起着中介作用

C. 教育评价时以马克思主义哲学为参照

D. 寻求教育科学理论发展的生长点

【答案】C

【解析】教育实践和实验是教育科学理论发展的根本动力，进行教育研究必须扎根于教育实际。实现从经验事实向科学理论的转化，必须把握三个基本点：①教育实践活动是教

育科学理论发展的基础和源泉；②理论的方法——科学的抽象在促使经验事实向科学理论转化并保持二者动态的一致中起着中介作用；③寻求教育科学理论发展的生长点。

二、简答题

1. 简述科学研究的思维过程。

答：科学研究的思维过程一般表现为：

(1)发现问题

科学研究开始于发现问题。人们在对客观事物的认识上出现了问题，就必须解决这个问题，掌握其规律，使事物按照人们的意图向前发展，而要解决这个问题就需要进行科学研究。科学研究要求科研工作者首先要选择好需要研究的问题，一个出色的科研人员要能从一般人习焉不察的地方发现出有价值的问题。

(2)了解情况

发现问题之后，要把这一问题的有关现象或事实弄清楚，必须了解关于这个问题的各方面的情况，了解它的来龙去脉以及它的多方面的联系。这就需要寻找相关的丰富的事实材料。

(3)深入思考

深入思考是在占有丰富资料的基础上，对材料进行一番“去粗取精、去伪存真、由此及彼、由表及里”的加工。它主要有以下几种类型：

①比较、归类与类推

即根据一定的标准，用比较的方法，找出事物间的相同和相异之点，然后进行归类，再根据归类进行类推。

②分析与综合

即就事物的性质逐一进行分析，然后在分析的基础上重新加以综合，借以找出事物的本质特点来。

③归纳与演绎

归纳是从同类事物中归纳出带有普遍性的规律来，而演绎则是根据普遍性的规律去推论某一个别事物。二者都是运用逻辑推理，以期把对事物的认识引向深入或扩大广度。

④抽象与概括

抽象是在思想中抽取事物的本质属性，撇开非本质属性。概括是在思想中把从事物中抽取出来的本质属性推广到具有这些相同属性的一切事物，从而形成关于这类事物的普遍概念。

⑤想象与假设

即在掌握事实材料的基础上，把思维引向更深更广的范围中去，以期能对事物的本质及其相互间的联系有新的认识。

(4)实践验证

假说或初步理论、结论是否可靠以及可靠性的程度，还必须付诸实践加以检验，看实际效果而定；一项科研成果是否真有价值以及价值的大小，也只有从实践检验的效果中来确定。经过实践检验之后，这项科学研究的最后结论才能真正成立。

以上四个阶段是对科学研究思维过程的轮廓的概括的描述。在实际上，上述各阶段可以有反复、交叉、同步或结合。

2．简述现代教育研究方法的发展趋势。

答：现代教育研究方法的发展趋势主要表现如下：

(1)提高理论的构造性、清晰性、预见性

①当代教育研究中直观性程度降低，抽象化程度提高，逻辑思维方法高度发展

②当代教育理论尽管有不同哲学理论基础及方法论主张，但都在努力提高研究的理论概括程度，关注构建完善系统的理论体系，并从哲学认识论高度，从多方面分析教育问题。

(2)教育研究方法的多元性

不同的教育哲学观构成不同认识论和方法论，建构不同的理论体系，在对教育事实做出解释分析的过程中形成不同的教育研究方法。例如，教育的生物学理解以及由此产生的社会生物学方法；对教育的行为主义理解以及由此产生斯金纳的工具制约论方法；对教育的符号学理解以及由此产生的信息论方法；对教育的文化学解释以及由此产生的解释学方法等。

(3)现代科学研究成果及其研究方法的移植

①近代科学技术的发展强烈冲击了教育研究领域，自然科学研究的归纳法、实验法、统计法以及心理学方法和社会科学研究的调查法、文献法、历史法、比较法等纷纷被引入，从而在20世纪初形成了教育研究方法的体系雏形。

②当代科技革命产生的新方法将再次冲击教育研究，如社会生物学方法、社会地理学方法、现象学方法、解释学方法、发生学方法等。

(4)关注教育科学研究的价值标准

当代教育科学研究趋势之一是认为教育科学研究必须考虑时代背景，包括政治、经济、文化、科学、哲学、宗教等环境条件，要考虑特定时代社会的价值观、人生观。这体现了教育研究方向由工具理性向价值理性倾斜。

(5)教育研究的可操作性

①强调教育实验研究在发展教育科学中的重要作用，并努力探索教育实验的特点，以提高教育实验的科学水平。

②数学方法和计算机技术促进教育研究数学化、形式化的发展。

三、论述题

1．教育研究中质性研究与量化研究取向有何异同，你如何看待？［苏州大学2018年研］

答：量化研究是指研究者事先建立假设并确定具有因果关系的各种变量，然后使用某些经过检测的工具对这些变量进行测量和分析，从而验证研究者预定的假设。质性研究是相对于量化研究的一种研究范式，是一种在自然的条件下对研究对象进行深入细致考察的研究范式。质性研究要求研究者要深入教育情景中，揭示问题的本质。

(1)不同点

①哲学根基不同

量化研究体现的是实证主义精神，而质性研究体现的是现象学、阐释学和社会建构论的思想意识。量化研究推崇逻辑实证主义，强调要以先前理论所推演的假设为基础，而后利用可靠的量化方法验证，获得可观察到的结果。质性研究则是建立在现象阐释主义基础之上。质性研究就是为了了解对象的行为及其原因和意义，它倾向于在具体情境中去理解某种现象以便在一个群体或社会使用的意义系统中去理解某种特定的行为。研究者要透过被研究者的眼光看世界，分析研究对象怎样建构了他或她的世界，通过彼此的沟通和协商，建立对社会生活的共识。

②认识论基础不同

量化研究假定了研究者和研究对象的主客体关系，认为研究者可以置身于研究过程之外，不带任何感情色彩，保持"价值中立"的态度。换言之，量化研究者把心理现象视为同物质世界具有同样性质的经验实体。但是，大部分质性研究的主张者反对主客两元论，强调"价值理性"的作用，认为知识不是主体对客体的反映，而是一种社会建构，任何一种知识都承载着价值观和意识形态的影响，没有"价值中立"的知识。生活体验的主观性质使得客观、量化的方法失去了意义，只能采取理解和描述的方式进行把握。

③研究者与研究对象关系不同

量化研究在进行研究时，研究者通过保持研究人员与被研究者之间的距离并进行外部控制的办法来保证研究的客观性，而且用同样的方法在另外的环境中可以重复同样的研究并获得同样的结果。质性研究重视研究者与被研究者之间的关系，研究者与研究对象不是主客体关系，而是平等对话关系，是研究者作为研究工具深入研究的实际情景中，通过与研究对象的对话，获得对问题的理解。

④研究方法不同

量化研究多采用自然科学的研究模式，如实验法、问卷调查法。质性研究则是人文阐释取向，质性研究包括人种学方法、人类学方法、民族志、自然主义方法、现象学方法等以及这些方法中所包括的各种具体策略。如用田野工作、参与及观察、访谈、文本分析、历史分析、个案研究及叙事法等。

(2)相同点

①量化研究以考验、证明真理可能的程度，即使再精密的设计，也只能掌握"大部分真实"；质性研究深入理解现象，也是局部、个别的，也无法掌握"全部真实"。

②两者从根本上都是以事实为基础的、非纯思辨式的研究方法，两者进行整合、优势互补，会增加对所研究问题的不同理解的视角，并且会使数据分析更加深入，从而为数据分析带来更广泛的前景。

③无论是质性研究还是量化研究，研究者在研究过程中均需说明研究问题、样本的选择、资料的收集、分析、报告撰写等步骤。

总之，可以说两者可以互为补充，数量证据补充质性分析，质性研究为数量研究指明方向，二者相互包含，相互补充，共同作为科学研究的基础方法。

2. 试述教育研究方法的基本原则。

答：教育科学研究方法应遵循以下基本原则：

(1)客观性原则

客观性原则，又称价值中立原则，是指研究者对待客观事实要采取实事求是的态度，要求既不能歪曲事实，也不能主观臆测。研究者在搜集资料、分析和解释结果时，不能因为自己的价值倾向而有意无意地遗漏不符合其倾向的信息，更不能任意剪裁事实。

(2)创新性原则

创新性原则是指对历史的经验与理论加以批判的继承，使一切有价值的经验和理论在新的条件下加以发展。没有创新，教育就会停滞不前，但创新并不意味着对传统的全盘否定。所谓创新，既是对教育传统最有力的打击、最深刻的批判，也是对教育传统最好的继承。在继承与创新的平衡与张力中，使教育在积累中更新发展。

(3)公共性原则

公共性原则是指研究者要用明确的文化符号清楚地表达研究工作的程序、方法和成果．以保证同行专家了解整个研究过程。在学术交流频繁，特别是与其他国家和地区的交流日趋密切的今天，人们对教育中的许多基本概念术语可能持有不同的看法，包括从不同学科视野、不同地域、不同时代等角度提出的新认识。一方面，研究者要把握追踪学术发展的脉络、立足相关领域的前沿，注意在交流中辨析相关的概念定义，把握学者们形成的共识；另一方面，对于一些尚有争议或语义模糊的概念，在研究报告中应做出自己认可的定义，并将这一定义贯彻到底。

(4)操作性原则

操作性原则是指在研究中所使用的概念术语要有明确的可操作的语义规定，以便对其进行定性或定量的考察。从理论上讲，任何事物和现象都可以构造出操作性定义，即描述出被定义事物的可观测到的具有独特性的特征；不过，在教育研究中，人的种种复杂因素使得研究者不易给某些概念下操作性定义，这就需要研究者结合实际情况做出更多的创造性努力。其中，人的思想、行为、态度等概念，尤其是情感信息这种整体的、流动的、夸张的因素，更难准确而详尽地描述其可观测特征。这就更需要研究者在用心体验的基础上把状态与情境、动机与效果、行为表现的频次与条件等联系起来做具体说明。

(5)检验性原则

检验性原则是指同行专家在相同的研究条件下，依照相同的程序和方法重新进行研究，应能得到相同或相近的结果。教育研究不可能像经典自然科学研究那样准确地重复操作并验证结果．因为进入教育研究程序的各种因素、条件和场景不可能在异时异地原样重复；因此，研究结果只能以概率方式加以陈述和印证．表现在文字，也就不可避免地要用“基本”“部分”“相当”之类的修饰词作程度限定。不过．在自然主义研究范式的赞同者看来．研究成果的使用者也应承担确定教育研究(尤其是定性研究)外在效度的责任，因为他必须判断新的应用情境与该研究成果原先所面对的情境之间的一致程度；所以，为了检验教育研究成果，研究者应该尽量全面而清楚地交代所在情境的关键特征。

(6)理论联系实际原则

理论联系实际原则要求教育研究方法的确立要以正确的理论为指导，以解决实际问题，研究实际情况为出发点。教育研究的目的是揭示规律、发展理论，但是理论的发展离不开实践，教育实践活动是教育科学理论发展的基础和源泉，它不仅判明理论的先进性，而且推动理论的深化发展。因此，我们要认真寻求立足于教育实践基础上的现代教育科学理论发展的生长点，从教育实际出发，从中引出应有的而不是臆造的规律性。

(7)定量与定性相结合原则

定量与定性相结合原则是指定量研究必须与定性研究相结合，二者是相辅相成的，分别反映客观事物质与量的关系。教育科学的规律不能单靠具体精确的数量关系来表达，教育现象没有明确的外延，常见到“亦此亦彼”的模糊现象。特别在研究教育现象时，必须将其放在一定的社会、文化价值背景中，这不是单纯描述性的量化研究可独立完成的。而对人的精神现象的测量，往往带有很大的随机性。因此我们不能片面追求量化分析，需要把定量研究和定性研究有机地结合起来。

(8)伦理原则

伦理原则是指教育研究所采用的方法必须符合当前的道德伦理，不能够违反法律法规，损坏他人身心健康等。教育研究的内容主要涉及学生、教师、家长和其他人的一些行为、思想等方面。在了解这些人的各种特征时，某些研究可能会对他们的生活产生一些负面影响。为此，研究者必须遵循一些伦理规范。

第二编　教育研究的构思与设计

第4章　研究课题的选定

4.1　复习笔记

【知识框架(庖丁解牛)】

研究课题的选定
- 正确选定研究课题的重要意义
- 一个好的研究课题应有的特点
- 教育研究课题的类型及来源
- 选题的过程及方法

【复习向导(切中肯綮)】

本章主要介绍了研究课题的选择及其重要意义，并对一个好的研究课题应该具有的特点进行了介绍。最后，本章还详细介绍了选题的过程及方法。对本章内容的学习，有利于学习者提高对正确选题重要性的认识，增强学习者教育研究的选题能力，为整个教育研究工作打下基础。

【考点归纳(游刃有余)】

考点一、正确选定研究课题的重要意义

表4-1　正确选定研究课题的重要意义

要点	具体内容
选题的概念	选题是指经过选择来确定所要研究的中心问题，从广义上讲，选题包括两方面的含义：一是确定科学研究的方向，二是选择进行研究的问题
正确选题的意义	①科学研究都是从问题开始的，发现和提出有意义的问题是科学研究的起点。 ②选题决定教育科学研究的方向和水平。 ③正确选题是教育科学研究工作者进行科学研究的基本功

考点二、一个好的研究课题应有的特点

表4－2　一个好的研究课题应有的特点

要点	具体内容
问题必须有价值	①选题必须符合教育科学理论自身发展的需要，有利于验证、批判和发展教育理论，完善教育科学自身的理论体系。 ②选题必须符合教育实践应用的需要，有利于指导具体的教育教学工作，全面提高教育质量
问题必须有科学的现实性	①选题要有一定的事实依据，这是选题的实践基础。 ②选题要以教育科学基本原理为依据，这是选题的理论基础
问题必须具体明确	尽可能选择具体的、明确的课题，即界线要清，范围宜小，不能太笼统
问题要新颖，有独创性	①选题必须要有新颖性、独创性、突破性，这在很大程度上体现一项教育科学研究的必要性和迫切性。 ②要善于把继承和创新结合起来，科学研究总是在前人已得出的科学发现的基础上进行探索
问题要有可行性	可行性是指问题是能被研究的，存在现实可能性，包含以下条件： ①客观条件。包括保证课题顺利开展的资料、设备、时间，人员、经费和必要的行政支持与研究时机等，其中最重要的是时间和经费。 ②主观条件。包括研究者自身的知识结构、理论修养、科研经验与能力、科研信念与信心以及研究兴趣等

考点三、教育研究课题的类型及来源

表4－3　教育研究课题的类型及来源

要点	具体内容
教育研究课题的基本类型	①基础性研究课题： a. 一级理论性课题，是对构成教育科学理论体系具有全局性影响的核心概念、基本范畴和基本原理等做突破性研究的课题。 b. 二级理论性课题，是对教育科学某一领域中已形成的概念、原则做进一步探讨（或使它更完善，或使它更具体细致）的课题。 c. 三级理论性课题，是对教育理论中个别原理、概念等做出修正或更详细说明的课题。 ②应用性研究课题： a. 一级应用性课题，是涉及教育实际的某些全局性问题的课题。 b. 二级应用性课题，是教育领域中某一方面或某一部门、地区内提出的实际问题的课题。 c. 三级应用性课题，是与个别实际问题的解决相关的，其研究成果使用的范围更小，太多局限在与该课题研究条件接近的范围内，提出的解决问题的方法也较多局限在一些操作性问题上的课题
教育研究课题的主要来源	①演绎或验证相关教育理论进行选题。 ②归纳或反思相关教育实践进行选题。 ③根据自身研究能力和专长进行选题。 ④借用或移植邻近学科的研究成果进行选题。 ⑤从教育与其他学科交叉的新研究领域进行选题。 ⑥从研究者本人感兴趣的问题中进行选题。 ⑦从同行或专家的讨论、切磋中进行选题。 ⑧从有关教育观点的争议之处进行选题。 ⑨直接从各级教育科学规划课题指南中进行选题

考点四、选题的过程及方法

表 4 – 4　选题的过程及方法

要点	具体内容
要有明确的、相对稳定的研究方向	研究方向有三层含义：一是总方向，二是某学科领域的方向，三是研究者个人的主攻方向
要善于对问题进行分解	要善于把一个大的问题按照内在逻辑体系分解成相互联系的许多问题，从而找到解决这个问题的步骤和相关的网络
要善于转换问题的提法，并使问题形成系列	善于转换问题提法是指能不断从一个新的角度提出问题。作为一个科学研究工作者，不仅能够善于提出问题，而且也要善于从新的角度提出问题，当一个问题解决以后要把握时机及时转向由此引申出的其他相关问题
要对选定的课题进行论证	①课题论证主要回答的问题 a. 研究问题的性质和类型。 b. 本课题研究的迫切性和针对性，具有的理论价值和实践意义。 c. 该课题以往的研究水平和发展动向。 d. 本课题理论、事实的依据及限制，研究的可能性，研究的基本条件及能否取得实质性进展。 e. 课题研究策略、步骤及成果形式的妥当性。 ②论证报告的书写 对于重大课题，常常必须写出开题报告，并经过同行专家的审议。开题报告的内容一般包括： a. 课题名称。 b. 本课题研究的目的、意义。 c. 研究的主要内容。 d. 本课题国内外研究现状，预计有哪些突破。 e. 完成本课题的条件分析，包括人员结构、资料准备和科研手段等

4.2　典型题(含考研真题)详解

一、单项选择题

1. 良好的课题名称是一项研究的重要因素。以下课题名称表述正确的是(　　)。[统考 2023 年研]

A. 学生提高自学能力的研究

B. 是否能增强教学效果的实验研究

C. 实验法和讲授法对初中生物理学习效果的实验研究

D. 中学生实践能力和创造思维的实验研究

【答案】C

【解析】课题名称的表述要求一定要具体化，界限要清，范围要小，不能太笼统，那种大而空，针对性不强的课题往往科学性差。只有对问题有清晰的了解，才能为构建研究方向的参考系统提供最重要的依据。具体要求：①明确显示可操作或测量的变量；②使用意义明确的概念，避免产生歧义；③语言表述合逻辑；陈述句，不能是疑问句。C 项，课题名称表述很具体，研究对象是初中生、自变量是教学方法(实验法、讲授法)、因变量是物理学习效果。A 项，研究对象不具体。B 项，不是陈述句。D 项，研究对象和研究内容不具体。因此答案选 C。

2. 下列选项中，符合研究课题表述规范的是(　　)。[统考 2019 年研]

A. 如何指导小学生课外阅读

B. 学生教学能力培养的实验研究

C. 积极心理学视野下小学生问题行为转化研究

D. 基于网络平台的初中化学实验教学策略研究与探究

【答案】C

【解析】研究课题一般为陈述句表述，且需要在表述中明确具体情况。A 项，题目为疑问句，而非陈述句。B 项，研究对象不具体，没有指出哪类学生。C 项，题目界限清晰、表述明确、内容范围适当，没有歧义。D 项，表达有语病，容易引起歧义。

3. 某本科生将自己的毕业论文选题确定为“中小学课堂奖励的负效应及其规避策略的行动研究”。这一选题最容易受到质疑的方面是(　　)。[统考 2018 年研]

A. 创新性　　B. 价值性　　C. 具体性　　D. 可行性

【答案】D

【解析】该生毕业论文选题确定为“中小学课堂奖励的负效应及其规避策略的行动研究”，由题目可知，该生采用的是行动研究法。行动研究就是实践者为了改进工作质量，将研究者和实践者、研究过程与实践过程结合起来，在现实情境中通过自主的反思性探索，解决实际问题的一种研究活动。教育行动研究是在实际情景中，由实际工作者和专家共同合作，针对实际问题提出改进计划，通过在实践中实施、验证、修正而得到研究结果的一种研究方法。那么这一选题最容易受到质疑的方面是难以就中小学这一大样本展开研究，其可行性有待商榷，因此答案选 D。

4. 不属于教育科学研究课题主要来源的一项是(　　)。

A. 社会实际发展需要　　B. 学科建设需要

C. 不同学科之间的交叉点　　D. 历史发展规律

【答案】D

【解析】教育科学研究课题的主要来源有：①从社会发展需要出发提出课题；②学科建设中需要的问题；③研究者在教育实践中提出的实际问题；④从日常观察中发现的问题；⑤从不同学科之间的交接点找问题；⑥从当前国内外教育信息的分析总结中提出课题；⑦从国家领导机关制定的课题指南或规划中选题。

5. 教育研究课题的基本类型包括(　　)。

A. 基础性研究课题、实践性研究课题　　B. 理论性研究课题、实践性研究课题

C. 基础性研究课题、应用性研究课题　　D. 理论性研究课题、应用性研究课题

【答案】C

【解析】按照研究的性质和目的来分，教育研究课题一般可分为两种基本类型：一是基

础性研究课题；二是应用性研究课题。主要包括那些为基础理论寻找各种实际应用可能性途径的课题，以改造或直接改变教育现象和过程为主要目的。

6. 教育研究课题的可行性包含(　　)三方面的条件。

A. 客观条件、主观条件、时机问题

B. 主观条件、客观条件、研究客体个性特点

C. 课题研究者的主观条件、客观条件、时机问题

D. 课题研究者的主观条件、课题研究者的客观条件、时机问题

【答案】A

【解析】可行性包含以下几方面的条件：①客观条件：除必要的资料、设备、时间、经费、技术、人力、理论准备等条件外，还有科学上的可能性；②主观条件：指研究者本人原有知识、能力、基础、经验、专长，所掌握的有关这个课题的材料以及对此课题的兴趣；③时机问题：选题必须抓住关键性时期，什么时候提出该研究课题要看有关理论、研究工具及条件的发展成熟程度。

二、简答题

1. 一个好的研究选题的特征有哪些？[北京师范大学 2017 年研]

答：一个好的研究选题主要表现出以下特征：

(1)问题必须有价值

问题的价值是确立选题的重要依据，它制约着选题的根本方向。选定的问题不仅要对本学科研究领域具有好的内部价值，而且要对相关其他领域有高的外部价值。

衡量选定课题有无意义及意义的大小，应考虑两个基本方面：

①所选择的研究课题是否符合社会发展、教育事业发展的需要，是否有利于提高教育质量，促进青少年全面发展。

②所选择的研究课题是否根据教育科学本身发展的需要，为检验、修正、创新和发展教育理论，建立科学的教育理论体系的需要。

(2)问题必须有科学的现实性

①选题现实性的表现

选题的现实性表现为选定的问题要有科学性，指导思想及目的要明确，立论根据要充实、合理。

②选题科学性的表现

a. 选题要有一定的事实依据，这是选题的实践基础。研究课题是从实践中产生的，具有很强的针对性；实践经验同时又为课题的形成提供一定的、确定的依据。

b. 选题要以教育科学基本原理为依据，这是选题的理论基础。教育科学理论将对选题起到定向、规范、选择和解释作用。

选题的实践基础和理论基础制约着选题的全过程，影响着选题的方向和水平。为了保证选题有科学的现实性，还需要对选定的课题进行充分论证。

(3)问题必须具体明确

选定的问题一定要具体化，界限要清，范围宜小，不能太笼统。只有对问题有清晰透

彻的了解，才能为建构指导研究方向的参照系提供最重要的依据。

(4)问题要新颖，有独创性

选定的问题应是前人未曾解决或尚未完全解决的问题，通过研究应有所创新，有新意和时代感。要做到选题新颖，就要把研究课题的选择放在总结和发展过去有关学科领域的实践成果和理论思想的主要遗产的基础上，并在此基础上重新确定自己研究的着眼点。只有在原有研究成果基础上的突破和创新，才具有研究的意义。

(5)问题要有可行性

可行性是指问题是能被研究的，存在现实可能性。具体分析，可行性包含以下三方面的条件：

①客观条件。除必要的资料、设备、时间、经费、技术、人力、理论准备等条件外，还要有科学上的可能性。

②主观条件。这是指研究者本人原有知识、能力、基础、经验、专长，所掌握的有关这个课题的材料以及对此课题的兴趣。

③时机问题。选题必须抓住关键性时期，什么时候提出该研究课题要看有关理论、研究工具及条件的发展成熟程度。

在教育科学研究中经常因为各方面可控、不可控原因而出现很多问题，正确选题并非一蹴而就，要求研究者不仅要有科学的教育理论指导，还要坚持唯物主义观点，从实际出发，通过对事实材料的分析比较，善于发现和抓住重要问题；不仅要把握该领域理论研究的全局，而且要对教育实际有深入的了解；不仅要有问题意识，而且要了解和掌握选题的有关知识和方法，不断提高自己的选题能力和创新、判断、评价等综合能力。只有这样，才会在最大程度上做出一个好的研究课题。

2. 简述确定研究课题的基本要求及选题方法。[武汉大学 2014 年研]

答：选题是进行教育研究的第一步，也是关键性的一步，它不仅决定研究者现在和今后科研工作的主攻方向、目标与内容，而且在一定程度上规定了科学研究应采取的方法与途径。选题正确，是指应当选择有意义的，且问题提法原则上正确有可能实现的科学问题来进行研究。

(1)研究课题的基本要求

①问题本身要新颖、有研究价值

选定的问题应是前人未曾解决或尚未完全解决的问题，通过研究应有所创新。要做到选题新颖，就要把研究课题的选择放在总结和发展过去有关学科领域的实践和理论成果上，没有这个基础，任何新发展、新突破都是不可能的。同时，选定的题目还应该有价值，不仅对本学科研究领域具有较好的内部价值，而且对相关其他领域，如心理学、哲学等有较高的外部价值。

②问题提出有一定的科学理论依据和事实依据

选定的研究课题要有科学性，既要有科学的理论基础，又要有科学的实践基础。选题的科学性首先表现在问题要以教育科学基本原理为基础。教育科学理论将对选定的研究课题起到定向、规范、选择和解释作用。没有一定的科学理论依据，选定的课题必然起点低，盲目性大。选题的科学性还表现在要有一定的客观事实作为实践基础，研究课题是从教育教学实践中产生的，具有较强的时代感和针对性；而实践经验同时又为课题的形成提供深入研究的依据。应该看到，选题的理论基础和实践基础制约着选题的全过程，影响着选题的方向和水平。科学性强的研究课题指导思想及研究目的明确，立论根据充分、合理。

③问题表述必须具体明确

选定的研究问题一定要具体、适度，研究范围要明确界定，宜小不宜大，所含的研究问题要明晰，不能太笼统。原因在于，问题是否具体适度往往影响研究的成败，那种大而空、笼统含糊、针对性不强的课题往往科学性差。只有对问题有清晰透彻的了解，才能为建构指导研究方向的参照系提供最重要的依据。因此，不宜把课题选得太宽，太大，太复杂，提倡"实""小""新"。

④问题研究要有可行性

可行性，是指问题能被研究，存在现实可能性。它具体包含以下三方面的条件：a. 客观条件：除必要的资料、设备、时间、经费、技术、人力、理论准备等条件外，还有科学上的可行性；b. 主观条件：研究者本人原有的知识、能力、基础、经验、专长，所掌握的有关这个课题的材料以及对此课题的兴趣，也就是说，要权衡自己的条件寻找结合点，选择能发挥自己优势的课题；c. 时机问题：选题必须抓住关键性时期，什么时候提出该研究课题要看有关理论、研究工具及条件的发展成熟程度。提出过早，问题会攻不下来。提出过晚，只能是跟在别人后面亦步亦趋，毫无新意，失去了研究的价值。这里，有一个胆识问题，有胆识则善于抓住提出新课题的时机；缺乏胆识，则抓不住时机，也就出不了研究成果。

(2) 确定研究课题的方法

①演绎或验证相关教育理论进行选题

现有的教育理论，如教学理论、课程理论、学习理论等，许多都是经过前人对教育实践经验的概括总结和教育理论本身的推理建构而形成的，它是我们进行教育科学研究选题的宝贵资源。研究者可以从某一个教育理论观点中使用演绎的推理方法导出一些合乎逻辑的研究课题。

②归纳或反思相关教育实践进行选题

任何教育科学研究课题，归根到底，都是从教育实践中来最后再回到教育实践中去的。归纳或分析相关教育实践进行进题，这是我国教育科学研究选题最重要的途径，更是广大教育科学理论与实践研究者最重要的选题方法。

③根据自身研究能力和专长进行选题

选题要讲可行性原则，要量力而行、扬长避短。只有根据自身的研究能力进行选题，才有可能真正取得实效。就教育科学研究而言，研究者可以从以下三个方面权衡自身的研究能力：知识结构、思维特征、科研经验。

④借用或移植邻近学科的研究成果进行选题

借用或移植邻近学科的研究成果，主要是将科学、心理学、社会学以及哲学等邻近学科中值得借鉴的理论观点或技术方法，引用、移植到教育科学研究中，解决教育科学中的某一课题。

⑤从教育与其他学科交叉的新研究领域进行选题

在现代科学大综合发展趋势越来越明显的形势下，各个学科之间的交叉领域涌现出了大量值得开拓的新课题。因而，我们开展教育科学研究不能停留在单纯的教育领域内进行，要学会在教育与其他学科交叉形成的新学科研究领域进行选题。

⑥从研究者本人感兴趣的问题中进行选题

教育科学研究需要研究者发挥主动性、创造性，充分自由地放飞自己的思想。只有选定自己感兴趣的研究课题，才能把我们的创造性思维和奋斗动力激发到最佳状态。

⑦从同行或专家的讨论、切磋中进行选题

科学研究需要研究者必须具备一定的研究能力和水平，同时也需要研究者学会合作，学会与同行或专家交流、讨论、切磋，这样才能集思广益、拓展思路，辐射出更多新想法、新观点。

⑧从有关教育观点的争议之处进行选题

在有关教育理论或实践的观点中，必然存在着许多未达成共识的分歧与争议。不同的教育观点，特别是有争议的问题，本身就能给我们提供一个相互冲突的对立面，扩展我们的研究视角和视野。比较、分析并权衡、评判其中的争议之处，这也是教育科学研究者进行选题的一个重要途径和方法。

⑨直接从各级教育科学规划课题指南中进行选题

为了更好地指导教育科学研究工作，提高教育科学研究水平及其成效，国家往往定期或不定期地对教育科学研究的发展做出规划，提出具体的目标与任务，推出一定的教育科学研究课题指南。因此研究者也可以直接从这些课题指南中进行选题。

3. 简述教育研究选题的策略。

答：成功选题需要研究者掌握一定的选题策略。具体如下：

(1)怀疑的策略

①怀疑是对已有结论、常规、习惯行为方式等的合理性作否定的或部分否定的判断，它必然引起人们对事物的重新审度，会在原以为没有问题的地方发现问题。

②怀疑不是胡乱猜疑一毫无根据的猜疑不可能提出有研究价值的新问题，它有两个根据：一是事实与经验，二是逻辑。作为怀疑根据的事实与经验，总是与现有结论或常规不一致甚至相悖的。

(2)变换思考角度的策略

①变换思考角度是从与原有结论不同的角度或不同的层次上来认识原有的研究对象，以形成异于对象的新认识。它需要摆脱原自的思维定势和已有知识的影响，另辟蹊径。

②思考角度的转换是多类型的。第一类是在同一层次上的转换，即从思考问题的一个方面转向另一方面。第二类是在两个不同的层次上进行的，其中有的是从较抽象转化到较具体，也有的是从较具体转化到较抽象。第三类是把研究的重点放到事物与事物之间或同一事物不同发展阶段之间的结合部，这往往是人们容易忽视，但又有可能开发出新课题的地方。第四类是通过比较，这种比较可以是纵向的也可以是横向的。以上类型虽有许多不同，但有一点是共同的，那就是把思考角度转向研究较少、较薄弱的方面。

(3)类比与移植的策略

①类比与移植的策略的特点是从别的学科研究中获得启发，找到发现的“工具”，其关

键是善于发现不同学科研究对象和思维方法之间的关系，善于借“他山之石”。

②用这种策略来发现和选择课题，往往需要研究者在思维品质上具有较强的迁移性和概括性，要求他们善于发现表面看来不甚相近的事物间的相似之处，能在较抽象的层次上对它们进行概括、比较，从而为思维的由此及彼架起了桥梁；此外，这样的研究者一般要知识面较宽。

(4)深入探究现象的策略

①深入探究现象的策略要求面向实际，从对现象的思考中提出新问题、新课题。人们生活在一个丰富多变的现象世界中，只要善于多问几个为什么，就会发现许多值得研究的新课题。对于那些司空见惯的现象，要多去探究其背后的实质；对现实中一直未能解决问题，也应该探究其产生的原因。

②运用深入探究现象的策略还要求研究者具有敏锐、深刻的思维品质。只有敏锐，才能及时捕捉到有价值的现象；只有深刻，才能发现深藏在现象背后的本质。

三、论述题

试论选题的意义。

答：选题对教育研究具有重大的意义，具体表现为：

(1)选题是教育科学研究的起点

①发现并提出有意义的问题，是任何一项科学研究的开端。提出一个有价值的问题，本身就是一项极为重要的研究工作。教育科学研究同其他科学研究一样，都是基于一定的问题的研究。

②选题是教育科学研究的起点，只有确定了某个教育课题之后，才有研究的问题，才能有的放矢，以确保整个教育科学研究的目的性和方向性。

(2)选题决定了教育科学研究的方向和成效

①选题虽从问题中来，但问题并不等于选题，并非其中的每一个问题都值得人们进行教育科学研究，人们也不可能对每一个问题的研究都能取得成效。在以往的教育科学研究中，一些选题过于热衷引进外国的理论或观点，盲目移植与模仿，急功近利的倾向比较严重等，这些选题误区直接影响其研究的方向。

②人们应该选择那些带有全局性、规律性和典型性的有意义的课题，探索教育的内在联系及其与其他领域之间的关系，并且要充分考虑到自己的科研能力、水平等主观条件和经费、时间等客观条件的可行性，才能发挥教育科学研究的综合成效。

(3)选题是衡量教育科学研究者研究能力和水平的重要标志

①教育科学研究者的研究能力和水平，是通过其研究工作的各个方面综合体现出来的，选题就是其中的一个重要方面。选题在一定程度上可以折射出研究者对所选研究课题及其相关领域的熟悉程度和掌握程度，更能反映出其敏锐地发现问题、思考问题、提出问题的能力。

②选题作为教育科学研究取得成效的必要条件，它是每一个教育科学研究者必须练好的一项基本功。能否很好地选定一个既有研究价值又有研究可行性的课题，是衡量一个教育科学研究者研究能力和水平高低的重要标志。

第5章　文献检索

5.1　复习笔记

【知识框架(庖丁解牛)】

- 文献检索
  - 文献检索概述
    - 教育科学文献的基本概念
    - 文献检索在教育研究中的作用
  - 教育文献的种类及主要分布
    - 文献的三种等级
    - 教育文献的主要分布
  - 文献检索的过程和方法
    - 文献检索的过程
    - 文献检索的基本方法和检索工具书的利用
    - 教育文献的利用以及检索文献的要求

【复习向导(切中肯綮)】

本章主要介绍了教育科学文献的概念、作用、种类和分布，并探讨了教育科学文献检索的过程、方法和要求等。通过本章内容的学习，学习者要掌握关于教育科学文献的基础知识，并能结合科研工作的实际进行初步运用。

【考点归纳(游刃有余)】

考点一、文献检索概述

1. 教育科学文献的基本概念

表5－1　教育科学文献的基本概念

要点	具体内容
文献的概念	《文献著录总则》明确地规定为“记载有知识的一切载体”，也就是将人类的知识以文字、图形、符号、音像等手段记载下来的有价值的典籍，可以是已发表过的或虽未发表但已被整理的知识，包括图书、期刊、学位论文、文物、影片、录音录像带、光盘、幻灯片等
教育科学文献的概念	一切用各种符号形式记录和保存下来的，对研究教育有一定资料价值的客观事实材料，它们是记载有关教育科学的情报信息和知识的载体

2. 文献检索在教育研究中的作用

表 5－2　文献检索在教育研究中的作用

要点	具体内容
帮助选定研究课题和确定研究方向	通过查阅文献，研究者可以了解前人在该课题上的主要研究成果、研究方法、研究重点难点、有哪些突破、研究还存在哪些问题等，进而掌握所要研究问题的有关情况，找到突破点，从而提出所要研究的课题
为教育研究提供科学的论证依据和研究方法	通过查阅文献资料，研究者从过去和现在的有关研究成果中受到启发，不仅可以找到获得课题科学回答的线索，而且为更科学地论证自己的观点提供丰富的事实和数据资料
避免重复劳动，提高科学研究的效益	通过查阅文献资料，研究者可以避免不必要的重复劳动，节约时间、人力、物力等，从而有效地提高科研效益

考点二、教育文献的种类及主要分布

1. 文献的三种等级

表 5－3　文献的三种等级

要点	具体内容
一次文献	又称原始文献，是直接记录事件经过、研究成果、新知识、新技术的专著、论文、调查报告等文献。一般包括图书、报刊、研究报告、会议文献、政府出版物、学位论文、档案资料、小说或非小说（如传记、随笔等）文学作品以及对零次文献内容进行编辑处理的各种各样的其他材料
二次文献	又称检索性文献，是对原始文献进行加工、整理，使之条理化、系统化、理论化的文献。一般包括题录、书目、索引、文摘等，具有报告性、汇编性、简明性等优点，便于研究者查找
三次文献	又称参考性文献，是在二次文献基础上，对某一范围的一次文献进行深入分析报告之后形成的综合性文献。此类文献不同于一次文献的原始性，也不同于二次文献的客观报道性，但具有主观综合的性质。三次文献反映了文献加工者对一次文献的主观见解，是对众多一次文献的综合研究成果。如教育研究动态综述、教学专题评述、教学课程数据表、教学进展报告等单篇文献，均属三次文献；有关教育科学方面的字典、词典、百科全书、手册等专门文献，通常称为工具书，因为它能直接为教育研究中所遇到的问题提供答案，因而也称为三次文献

2. 教育文献的主要分布

表 5－4　教育文献的主要分布

要点	具体内容
书籍	①名著典籍，是最有影响的权威著作。 ②专著，是针对某一专门研究题材做系统全面深入论述的著作。 ③教科书，是依据一个国家或地区所制定的课程标准编制的、系统反映学科内容的教学用书。 ④手册，是收录、汇集某一学科或某一主题的一般资料或专业知识，供读者随时翻检的工具书。 ⑤工具书，如教育辞书、百科全书等。 ⑥科普读物，文字浅显，有一定的信息含量
报刊	①报纸，是以刊登新闻和评论为主的定期连续出版物，发行广泛，传递信息迅速，但材料分散不系统，且不易保存。 ②期刊，是定期或不定期的连续出版物，出版周期短，内容新颖，论述深入，发行量大，教育科学范围内的期刊主要有：杂志，汇报、集刊、丛刊、汇刊及高校的学报，文摘及复印资料

续表

要点	具体内容
教育档案类	①年鉴，是系统汇集一年内重要事件、学科进展与各项统计资料的工具书。它以记事为主，内容通常包括：专论或综述、统计资料和附录。 ②教育法令集，是官方的有关教育政策法规的指令性文件汇集，通过立案归档，成为资料的一部分。 ③学术会议文献，包括报告、纪要、提交会议的论文，往往反映一个学科领域的研究动向和研究成果，代表了国内外教育发展水平。 ④学位论文，是带有一定独创性的一次文献，一般选题论证充分，文献综述较全面，探讨问题往往比较专深
专家询问	研究者与本专业或相近专业的研究人员、学者进行交谈，交流讨论学术问题，通过个人交往接触的非正式渠道搜集资料
非文字资料	包括校舍、遗迹、绘画、录音、出土文物、歌谣等

考点三、文献检索的过程和方法

1. 文献检索的过程

表5-5　文献检索的过程

要点	具体内容
分析和准备阶段	本阶段的任务包括分析研究课题，明确自己准备检索的课题要求与范围，确定课题检索标志
搜索阶段	本阶段的任务是搜索与所研究问题有关的文献，然后从中选择重要的和确实可用的资料分别按照适当顺序阅读，并以文章摘录、资料卡片、读书笔记等方式记录搜集材料
加工阶段	①剔除假材料，去掉相互重复、较陈旧的资料。 ②从研究任务的观点评价资料的适用性，保留那些全面、完整、深刻和正确地阐明所要研究问题的一切有关资料，以及含有新观点、新材料的资料。 ③在资料数量和类型很多的情况下，应对这些资料进行分类编排，并编制题录索引或目录索引。 ④对准备利用的文献资料，必须对其可靠性进行鉴别和评价，对那些不完全可靠的或有待进一步明确的资料，则不予采用

2. 文献检索的基本方法和检索工具书的利用

表5-6　文献检索的基本方法和检索工具书的利用

要点	具体内容
文献检索的基本方法	①顺查法，按时间顺序，对所检索的课题按事件发生、发展的时序，由远及近，由旧到新进行查找。 ②逆查法：按时间顺序，对所检索的课题按事件发生、发展的时序，由近及远，由新到旧进行查找。 ③引文查找法：又称跟踪法，以作者文章和书籍后所列的引用文献、参考资料或引文注释等为线索，步步追踪所需的文献。 ④综合查找法：是将各种方法结合加以使用以达到检索目的的方法
检索性工具书的利用	①书目，统计和反映某一时期内全国出版的图书总目、期刊目录、报刊目录及其他文献目录。 ②索引，将书籍或报刊中的内容或项目摘记下来，编成简括的条目，按一定顺序排列并注明其出处。 ③检索性文摘，以简练的语言文字精确地表述原文献主要内容并注明出处。 ④传记资料，从作者入手掌握他所活动的历史背景和社会发展要求，查找传记后所附的著作目录

3. 教育文献的利用以及检索文献的要求

表 5－7　教育文献的利用以及检索文献的要求

要点	具体内容
注重全面性	通过浏览，不仅要广泛查阅自己特定范围内的国内外有关研究成果，而且要把视野放宽，广泛浏览特定范围以外的有关研究成果，以保证研究的客观全面
确保准确性	通过细读，基本掌握四十年来，特别是近十年来所研究的领域内讨论过的问题，分歧意见，代表人物以及主要著作、主要倾向；要认真推敲观点和论据，并做好记录
勤于积累	研究者应有意识地培养自己读书治学的能力；掌握查阅文献的方法，逐步积累自己所需要的资料目录；还要建立个人资料库与学会使用国家的信息库
善于思索	研究者不仅需要有与研究问题有关的知识准备，而且必须靠理论思维；在阅读中进行比较、分析、联想和构思，从而产生解决问题的新思路、新观点

5.2　典型题(含考研真题)详解

一、单项选择题

1．某研究者针对“幼儿父母专注于玩手机，而忽视幼儿”这一现象，打算展开研究。问下列哪个选项不合理？（　　）[统考 2023 年研]

A．既要关注一手资料，也要兼顾二手资料

B．因研究课题较新颖，搜集文献时应采用逆查法

C．搜索文献时的关键词为“幼儿”“父母”“手机”

D．要注重跨领域寻找资料

【答案】B

【解析】A 项，强调文献搜集的全面性。B 项，是文献查找的方法，对于要查找最新的资料可先选择逆查法。但是可以结合引文查找法更加快速综合地查找信息。因此答案不全面。C 项，关键词没问题。D 项，强调跨领域寻找资料体现了资料搜集来源的全面丰富性。因此答案选 B。

2．某研究者需要近年来国家教育经费投入的具体数据，最可靠的来源是（　　）。[统考 2019 年研]

A．教育专著　　B．教育年鉴　　C．教育百科全书　　D．教育志

【答案】B

【解析】教育年鉴是系统汇集一年内重要事件、学科进展与各项统计资料的工具书，具有很高的参考价值。它以记事为主，内容通常包括：专论或综述，统计资料和附录。教育年鉴囊括很多官方教育数据，是获取教育经费投入数据的最佳渠道。

3．某研究者欲全面了解并研读近五年来国内核心期刊上发表的有关“教师教学自主权”的研究成果，应检索（　　）。[统考 2018 年研]

A．人大报刊复印资料　　B．中文核心期刊要目总览

C. CNKI 中国期刊全文数据库　　D. CNKI 中国年鉴全文数据库

【答案】D

【解析】A 项，中国人民大学书报资料中心成立于 1958 年，是新中国最早从事人文社会科学文献搜集、整理、编辑、发布的信息资料提供机构。B 项，中文核心期刊要目总览，主要是为图书情报部门对中文学术期刊的评估与订购、为读者导读提供参考依据。C 项，CNKI 中国期刊全文数据库，是目前世界上最大的连续动态更新的中国期刊全文数据库，积累全文文献 800 万篇。D 项，CNKI 中国年鉴全文数据库，教育年鉴是系统汇集一年内重要事件、学科进展与各项统计资料的工具书。它以记事为主，内容通常包括：专论或综述，统计资料和附录，具有很高的参考价值，有助于了解并研读近五年来国内核心期刊上发表的有关研究成果，正确。

4. 研究者想快速了解近年来国内义务教育均衡发展问题的研究动向，最便捷的办法是查阅(　　)。[统考 2017 年研]

A. 教育辞书　　B. 教育年鉴　　C. 原始性文献　　D. 综述性文献

【答案】B

【解析】教育年鉴是教育部组织编纂的反映每年全国教育改革和发展情况的资料性工具书。它是各级教育行政部门、各级各类学校执行党和国家的教育法律法规与方针政策、做好教育工作的经验总结，是中国教育事业发展进程的真实记录。故研究者想要快速了解近年来国内义务教育均衡发展问题的研究动向，最便捷的办法是查阅教育年鉴。

5. 在教育文献中，研究综述、专题评述、进展报告等属于(　　)。[统考 2014 年研]

A. 零次文献　　B. 一次文献　　C. 二次文献　　D. 三次文献

【答案】D

【解析】三次文献是在二次文献基础上对某一范围内的一次文献进行广泛的、深入的分析研究后综合浓缩而成的参考性文献，包括动态综述、专题述评、进展报告、数据手册、专题研究报告等。其浓缩度高、覆盖面宽、信息量大，具有综合性、浓缩性和参考性的特点。

6. 以所掌握资料中的参考文献为线索，查找有关主题的文献。这种检索文献的方法是(　　)。[统考 2011 年研]

A. 顺查法　　B. 逆查法　　C. 引文查找法　　D. 综合查找法

【答案】C

【解析】顺查法是按照时间范围，以所检索课题研究的发生时间为检索始点，按事件发生发展时序，由远及近、由旧到新的顺序查找。逆查法与顺查法相反，是按照由近及远、由新到旧的顺序查找。这种方法多用于新文献的搜集和新课题的研究。引文查找法是以已经掌握的文献中所列的引用文献、附录的参考文献作为线索，查找有关主题的文献。综合查找法是综合上述方法以达到检索的目的。

7. 某一研究者需要收集近年来国家教育事业发展的有关数据，最可靠的信息来源是(　　)。[统考 2010 年研]

A. 教育论文集　　B. 教育年鉴　　C. 教育辞书　　D. 教育专著

【答案】B

【解析】要收集近年来国家教育事业发展的有关数据，最可靠的信息来源是档案资料。档案资料是人类在各种社会实践活动中直接形成的，并且具有保存价值的原始文献材料。教育档案类包括教育年鉴、教育法令集、教育统计、教育调查报告、学术会议文件、资料汇编、名录、表谱以及地方志、墓志、碑刻等。

8. 为了避免重复劳动，提高科学研究的效益，最重要的工作是(　　)。

A. 选题　　B. 写出论证报告　　C. 文献检索　　D. 制定课题计划

【答案】C

【解析】文献资料提供科学研究的有关信息，使研究者充分占有材料，从而避免重做前人已经解决了的问题，重复前人已经提出的正确观点，甚至重犯前人已经犯过的错误。

9. 题录、书目、索引、提要和文摘等属于(　　)。

A. 一次文献　　B. 二次文献　　C. 三次文献　　D. 四次文献

【答案】B

【解析】二次文献是对原始文献加工整理，使之系统、条理化的检索性文献，一般包括题录、书目、索引、提要和文摘等。

10. 一般来说，中学的中国历史课本是(　　)。

A. 零次文献　　B. 一次文献　　C. 二次文献　　D. 三次文献

【答案】D

【解析】三次文献是指对有关的一次文献、二次文献进行广泛深入的分析研究之后综合概括而成的产物，人们常把这类文献称为“情报研究”的成果，包括综述、专题述评、学科年度总结、进展报告、数据手册、进展性出版物以及文献指南等。教材是收集了前人和他人的研究成果，经过深入细致的提炼加工后形成的文献，属于三次文献。

11. 参考性文献与其他文献相比，具有(　　)。

A. 客观报告性　　B. 主观综合性　　C. 主观报告性　　D. 客观综合性

【答案】B

【解析】参考性文献与其他文献相比更加全面，浓缩度高、覆盖面宽、信息量大、内容新颖，即有主观综合性、浓缩性和参考性特点。

12. 同其他文献相比，二次文献具有(　　)。

A. 主观报告性　　B. 客观报告性　　C. 主观综合性　　D. 客观综合性

【答案】B

【解析】二次文献具有客观报告性、汇编性和简明性，是对一次文献的认识，是检索工具的主要组成部分。

13. 教育研究中的三次文献又称(　　)。

A. 原始文献　　B. 检索性文献　　C. 参考性文献　　D. 资料来源

【答案】C

【解析】三次文献是在利用二次文献基础上对某一范围内的一次文献进行广泛的深入的分析研究之后综合浓缩而成的参考性文献。

二、简答题

1. 简述文献检索的基本方法。［苏州大学2022年研］

答：文献检索方法是多种多样的，不同的方法有不同的特点和不同的适用范围。这里仅介绍几种基本方法。

(1)顺查法

按时间范围，以所检索课题研究的发生时间为检索始点，按事件发生、发展时序，由远及近、由旧到新的顺序查找。一般可以查全。查时可以随时比较、筛选，查出的结果基本上反映事物发展的全貌。此法多用于范围较广泛，项目较复杂，所需文献较系统全面的研究课题以及学术文献的普查。

(2)逆查法

与顺查法正好相反，逆查法(倒查法)是由近及远、由新到旧的顺序查找。这种方法多用于新文献的搜集，新课题的研究，而这种课题大都是需要最近一个时期的较新论文、专著，不太关注历史渊源和全面系统，易漏检。

(3)引文查找法

又称跟踪法。是以已掌握的文献中所列的引用文献、附录的参考文献作为线索，查找有关主题的文献。这种方法的优点在于文献涉及范围比较集中，获取文献资料方便迅速，并可不断扩大线索。这种回溯过程往往会找出有关研究领域中重要的、丰富的原始资料。缺点在于查得的文献资料受原作者引用资料的局限性及主观随意性影响，资料往往比较杂乱，没有时代特点。因此，要注意文献的可靠性。

(4)综合查找法

将各种方法结合加以使用以达到检索目的。人类历史源远流长，各种教育资料浩如烟海。因此正确的检索资料方法应达到四点要求：

①准，高的查准率。

②全，高的查全率。搜集的资料不仅有正面的，也有反面的，既有纵向的也有横向的，既有中文的也有外文的，既全面又系统。

③深，占有情报的多样性及内容的专深。

④快，要迅速。一个准确度高、有价值的情报资料，如果检索速度慢了，耽误了时机，就会失去它的应有价值。要在准、全、深基础上做到快，就要学会利用各种类型的检索性工具书。

检索性工具书是比较完备的汇集某一方面的资料，按照特定的方法加以编排，内容比较概括，以供检索文献线索时查找的图书。不仅提供准确的资料，而且提供经过筛选和条理化了的文献出处和内容线索。工具书数以万计，仅辞典80年代以来就有两千多种，书目索引10万多条。常用的检索性工具书有：书目、索引、文摘、传记资料等，也包括辞书、百科全书、年鉴及手册。

2. 简要说明当前教育文献发展的新特点。

答：随着教育科学的日益发展、研究工作的不断深入，教育科学研究文献的发展也出现了一些新的特点：

(1)文献的数量增加

这是研究文献发展的最大特点。当前，全世界出版的教育科学方面的专业杂志及相关书籍不计其数，较之以前有了大幅度的增长。在我国，教育科学方面的研究文献已出现迅速增加的明显趋势。这表现为有关教材、专著、译著大量出版、专业杂志日益增多、研究领域不断扩展、研究报告数量剧增。

(2)文献的质量下降

由于有关期刊的大量出现，用稿量增加，而科研工作因种种原因未能跟上，加之随着教育科学研究领域新手增加、用稿审查制度不健全以及科研体系对升学、晋级等硬性要求，共同造成所发表的文献鱼龙混杂、质量下降。

(3)文献的内容交叉重复

这一方面在一定程度上反映了当代科学技术高度综合、不同学科相互渗透的发展趋势，但另一方面也反映了研究者创新少而对已有文献引用、简单加工多；此外，文献发表前缺乏严格的审查也是造成重复发表、出版的重要原因。

(4)文献的贮藏失衡

我国教育科学方面的研究文献主要集中在少数文化发达地区的科研机构和大学，而许多地处边远、内地、文化不发达地区的大学、科研机构则因经费和其他因素而存在研究文献严重缺乏的现象。各大学、科研机构、单位之间未能很好地开展资料交换工作，不但在互通有无方面做得很不够，个别单位甚至还存在资料封锁现象，这是极不利于教育科学事业发展的。

此外，当前教育科学研究文献还存在翻译文献多，语言障碍增加，术语不统一，研究文献格式不规范，文献来源情况复杂，记录手段和载体多样化等特点。

总的来说，了解当代教育科学研究文献的上述特点，将帮助我们更深刻地认识、理解文献查阅的意义、原则和方法，有利于研究者有效地收集资料。

3. 简述在教育科学研究中进行文献检索的重要作用。

答：教育文献是记载教育科学的情报信息和知识的载体。它贯穿于教育研究的全过程，从选题，初步调查以及论证课题，制定计划，搜集整理和分析研究资料到形成研究报告，都离不开有关课题文献的检查和利用，是进行教育科学研究的基础。教育文献的数量和质量是判断一国或一地教育科学发展水平的重要标志。它在教育研究中发挥着重要作用，主要表现在：

(1)有助于研究者对教育研究领域的情况有一个系统、全面的认识和了解

对于正在从事某一课题研究的人来说，研究文献的系统查阅有助于他们从整体上把握自己研究领域的发展历史与现状、已取得的主要研究成果及其水平、研究的最新方向和趋势、争论与矛盾的领域、被研究者忽视的领域以及研究文献中对进一步研究工作的各种建议等。

(2)有助于研究者选择研究课题、形成研究假设

文献查阅是研究者提出研究问题、形成研究假设的重要途径之一。在选题之前，通过查阅大量研究文献，了解有关研究情况，一方面极大地帮助研究者发现和提出问题、形成研究假设，另一方面，将有助于研究者通过比较、分析，从众多可能选择的课题中确定更有价值、更有前途、更适合于自己兴趣和发展自己专长的研究课题。

(3)有助于研究者搞好研究设计

在教育科学研究中，研究的设计水平直接关系到研究成果的科学性水平。为了保证研究的质量和科学性，研究者在进行具体研究设计时就必须吸取他人在方法学方面的长处，充分了解他人对该问题的研究所达到的科学水平，即采用的方法是什么、其科学性如何、存在什么问题，从而使自己完全掌握有关的研究工作情况。为此，就需要广泛查阅研究文献。

(4)有助于研究者解释研究结果、撰写研究论文

研究者不仅要从研究中得到具体的数据，而且还要依据一定的理论，引用其他有关的研究成果来阐述自己的观点与发现，这就需要大量查阅有关研究文献，在此基础上撰写出来的研究报告或论文，其质量、科学性和理论价值都会有很大提高。

总之，研究文献的查阅对研究过程中的各个阶段工作都有着重要作用。研究者平时对有关文献资料的广泛了解和丰富积累，以及研究中对有关资料的有效检索、收集和阅读，在很大程度上直接影响着一项研究工作的质量水平。因此，在教育科学研究文献迅速、大量增加的情况下，懂得并善于在浩如烟海的国内外有关文献中快速检索，有选择性地进行搜集，并对之认真分析、评价、鉴别，快、准、多地获取信息，了解新成果，把握新动态，使自己走在研究领域的前沿，已成为教育科研工作者最重要的素质之一。文献查阅能力也自然在整个科研能力结构中占有十分突出的地位。

4. 检索文献应该遵循哪些要求？

答：检索文献应该遵循的要求主要有：

(1)尽量采用倒查法

倒查法，又称即逆时法，即先查最近的研究文献，后查过去的文献。之所以说要尽量采用倒查法检索文献，是因为新的研究文献总是要总结、概述以前的研究文献，而倒查法有助于研究者根据新文献的参考材料部分顺藤摸瓜，迅速地查找到许多与研究课题直接有关的资料；此外，为了提高研究的时效性、新颖性和价值，也应及时了解、收集、研究和利用与研究课题有关的各种新资料、新信息。如果采用顺时查找法，研究者不但费时费力，而且还会将自己宝贵的时间、精力浪费在许多已经过时的研究文献上。当然，采用倒查法检索文献时，也应注意文献在时序上的连续性。否则，搜集的文献就可能残缺不全，无法反映研究课题的发展演变情况。

(2)在检索范围、数量上应有所限制

一般来说，在教育科学的各个具体领域，都有着大量的中外文研究资料可供查阅，它们的来源、搜集渠道也是多种多样的。因此，检索研究文献时，在时间范围、来源范围和渠道范围等方面应有所限制。为此，就应当以一些学术性强、影响大、质量高的学术杂志作为主要查阅对象，紧紧围绕研究课题进行检索，并认真阅读、理解、整理自己所拥有的资料。

(3) 多检索第一手资料，少检索多次转述的资料

对于研究课题的重要参考文献，直接收集、阅读第一手资料，有助于研究者全面、正确地了解前人的研究成果，发现已有研究的不足。而经过他人转述的资料，由于他人在介绍它们时已有所取舍，并加入了自己的主观理解，因而我们常常难以判定其可靠、准确性。

(4) 注意检索代表各种各样观点、得出不同甚至相互矛盾结论的研究文献

选择研究课题的重要方法之一就是注意已有研究结果的矛盾、不一致之处。在教育科学的研究中，从他人的争论中受到启发，发现问题，提出新的研究课题，并取得新突破的例子是很多的。根据这一原则，研究者在检索研究文献时，也应注意搜集与自己观点不同、不支持自己观点的材料，而不应仅仅搜集与自己观点一致的材料。

(5) 不但要检索与自己研究课题、领域直接有关的资料，而且还应注意跨学科、跨领域地搜集有关资料

当今科学迅速发展的主要特征之一就是既高度分化又高度综合。各门学科、各具体研究领域发展到较高水平后，出现了许多相通的联结点，这使得它们之间在思想、概念、研究方法等方面可以相互借鉴。因此，适当地、有针对性地跨学科、跨领域查阅有关文献，对于开阔研究者的思路、形成新的研究构思、借鉴新的研究方法等有着积极的意义。

三、论述题

试述搜集教育研究文献的主要渠道。

答：搜集教育研究文献的主要渠道有：图书馆、档案馆、博物馆，社会、科学、教育事业单位或机构，学术会议、个人交往和计算机互联网。

(1) 图书馆

①图书馆是搜集文献的最主要的、最重要的渠道之一，也是最早出现的文献集中形式。图书馆大都面向社会，提供开放式服务，并发展为多个图书馆的联合协作、资源共享的开办趋向。它们教育研究工作者查寻资料的主要场所。

②图书馆数量有很多，教育科学研究者要特别重视全国性大型图书馆（如国家图书馆等）和各主要师范大学的图书馆（如北京师范大学图书馆、华东师范大学图书馆等）。这些图书馆一般都收藏有大量古今中外、种类繁多的教育方面的文献资料。由于教育科学在师范大学中占有重要地位，因此，这些大学的图书馆在资金、人力、管理等方面都投入较多，十分注意全面、系统地收藏，并编辑有关资料，提供各种咨询、服务，以方便有关研究者。利用这些图书馆一般易搜集到所需要的文献资料，并提高工作效率。

(2) 档案馆

①档案馆是收集、保存、整理一个国家或地区不同历史时期政治、经济、军事、科技、文化、教育信息资源的专门机构。其中大量的原始资料对维护历史真实面貌有着不可估量的影响。

②档案馆中保存的各个时期与教育相关的档案，如政策性文件、法令、统计数据等对教育研究具有重要的价值。

(3) 博物馆

①博物馆是自然标本、人类物质文化和精神文化遗产的主要收集场所。这些藏品蕴含

着大量的科研信息。

②特别是古代教育方面的遗存，对研究者了解教育发展轨迹有着更为直观、真切的参考意义。

(4)团体或机构

①凡一切可能有社会、科学文献资料的团体或机构，诸如文化事业单位、教育学术团体、教育行政领导部门等，不论其有无图书馆，但为开展业务工作，总要收集或生产出一些文献资料，如“动态”“工作通讯”“内部文稿”之类的定期或不定期的小型报刊等，都可以作为教育文献的资源和搜集渠道。

②教育科学方面的专门研究机构(如中国教育科学研究院)所属的资料室，收藏范围广、内容集中，在教育科学的某些类别的文献方面(特别是外文书籍、期刊)比大学图书馆收藏更全面、种类更多。其中有许多是大学图书馆所没有的、直接从国外有关机构获得的交换资料。在进行研究工作时，应注意利用这一重要渠道。

(5)学术会议

①参加本专业或相关专业的学术会议，是搜集研究文献资料的一条重要渠道。在学术会议上，不但可以阅读会议论文等资料，而且可以面对面地质疑、提问与讨论，相互交流教育科学研究中的新成果、新进展和新课题。

②从与有关专家、同行的交谈中，研究者还可以获得许多有价值的动态情报，了解别人正在做什么、将来打算做什么、能够做什么等。这些信息对研究者的科研工作者具有特殊的意义。

(6)网络

①计算机互联网的网上资源量数不胜数，从政治、经济、文化、商业，到教育、科技、卫生、体育、天文、新闻、娱乐等，应有尽有，浩瀚无边，几乎一切人类的信息资源都可以在这里找得到。

②电子信息检索系统是由计算机程序人员编制的、储存于计算机中的帮助读者查阅文献资料的软件。一般可分为两种：一种是图书馆资料中心使用的文献检索系统，它和该图书馆资料中心的数据库连接，读者能利用它从数据库中检索出所需要的资料。另一种是国际互联网上的各种网站的搜索引擎，如各种搜索引擎，读者利用它们可以从庞大的互联网中搜寻和阅读所需文献资料。和其他种类的文献相比，电子信息检索系统有容易保存、便于检索的特点。

第6章　理论构思形成研究假设

6.1　复习笔记

【知识框架(庖丁解牛)】

- 理论构思形成研究假设
  - 研究假设概述
  - 教育研究假设的基本类型及假设的检验
    - 两种不同的分类法
    - 研究假设的形成与检验

【复习向导(切中肯綮)】

本章介绍了研究假设的定义、作用和特点，并就研究假设的分类以及研究假设的形成和检验做了讲述。对于本章的内容，学习者要了解理论构思和研究假设对于课题研究的意义，并能结合实际进行研究假设工作。

【考点归纳(游刃有余)】

考点一、研究假设概述

表6-1　研究假设概述

要点	具体内容
定义	研究假设是研究者根据经验事实和科学理论对所研究的问题的规律或原因做出的一种推测性论断和假定性解释，是在进行研究之前预先设想的、暂定的理论
作用	①帮助研究者明确研究的方向和内容，避免研究的盲目性。 ②如果假设得到观察或实验的支持，就会发展为科学理论基础。 ③是科学探索的必经阶段，是认识客观规律的正确途径和有效手段
基本特点	①科学性。 ②推测性。 ③表述的明确性。 ④可检验性

考点二、教育研究假设的基本类型及假设的检验

1. 两种不同的分类法

表6-2 两种不同的分类法

要点	具体内容	
按假设的形成分	归纳假设	对个别经验事实进行研究而抽象出的普遍规律
	演绎假设	对一般原理进行分析而推导出的具体的结论
	研究假设	根据经验事实和科学理论对所研究的问题的规律或原因做出的推测性论断和假定性解释
按性质和复杂程度分	描述性假设	是描摹事物外部表象的假设
	解释性假设	高于描述性假设，是揭示事物内部规律的假设
	预测性假设	高于解释性假设，是对事情未来发展趋势的科学推测

2. 研究假设的形成与检验

表6-3 研究假设的形成与检验

要点	具体内容	
形成过程	①在搜集事实资料的基础上，提炼出科学问题。 ②寻求理论支持，形成初步假设。 ③推演理论性陈述，使假设发展成比较系统的形态，具有严谨的系统和稳定的结构	
形成条件	经验基础	①要把握社会发展的需要和时代的走向。 ②洞察现实存在的弊端。 ③了解有关研究领域国内外研究的基本情况，以及相关领域的研究成果
	思想方法论	①有辩证唯物主义与历史唯物主义观点。 ②假设要在科学观察和经验归纳基础上合乎逻辑
	研究者的背景知识	包括研究者的学科知识和研究课题相关的材料

6.2 典型题(含考研真题)详解

一、单项选择题

1. 一项关于校长领导力与教师工作投入的关系研究中，该假设认为：校长领导力对教师工作投入具有显著的促进作用。该假设属于（　　）。[统考2024年研]

A. 虚无假设、解释假设　　B. 备择假设、解释假设

C. 虚无假设、描述假设　　D. 备择假设、描述假设

【答案】B

【解析】①虚无假设是指观察者提出的要放弃的假设，从反面或者是对立面提出假设，从而用统计的方式再来推翻这种假设，便证明了其正面假设的正确性，通常认为变量间无差异或不相关。②解释假设是揭示事物的内部联系、指出现象的本质方面，说明事物原因与结果的一种假设；在研究中，处于这个层次的假设是从整体上揭示教育现象各部分相互关系的机制，揭示条件与结果、研究主题的最初状态和最终状态的因果关系原理；与描述假设相比，解释假设更复杂、更重要，是更高级的假设形式。题干中，“校长领导力对教师

工作投入具有显著的促进作用”解释了事物内部的联系。③描述假设是在科学探索的最初阶段，描述认识对象的结构，向人们提供关于事物的外部联系和变量之间关系的推测。④备择假设与原假设是依赖于假设检验而存在的，备择假设处于原假设的对立面，故又称为对立假设。不同于虚无假设是假设两个样本来源于同一个总体，备择假设则是假设两个样本来源于不同总体。题干中，“校长领导力对教师工作投入具有显著的促进作用”是根据已有的经验和理论做出了假设，所以是备择假设。因此答案选B。

2. 为了探讨家庭教育与儿童身心发展之间的关系，某研究者提出了“家庭教育方式与儿童身心发展相关”的研究假设，这个假设属于(　　)。[统考2016年研]

A. 方向性假设　　B. 非方向性假设　　C. 解释性假设　　D. 预测性假设

【答案】B

【解析】假设是根据一定的科学知识和新的科学事实对所研究的问题的规律或原因做出的一种推测性论断和假定性解释。按照假设有无方向性，可分为方向性假设和非方向性假设。研究假设陈述的是两个变量间所期望的相关或不同。方向性假设指出相关或差异的特点，而非方向性假设只简单地指出哪里存在一个相关或差异。C项，解释性假设，是对研究问题或研究因素原因的解释；D项，预测性假设，即研究者对教育活动未来发展的前景和趋势做出推断。

3. 下列研究假设中，不符合研究假设表述规范的选项是(　　)。[统考2014年研]

A. 灌输不利于学生创造力的发展

B. 人均受教育年限越大，人口出生率越低

C. 集中识字与分散识字的教学效果存在明显差异

D. 教师职业倦怠与教师工龄和工作压力呈正相关

【答案】D

【解析】一般来说，一个表述规范的假设，至少应该具备以下标准：①说明两个或两个以上变量间的期望关系；②假设必须是可检验的，即表述的语义是明确的、可操作的，假设语义模糊就无法检验；③假设必须是陈述句，而不能是疑问句。当然，可以是肯定陈述，也可以是否定陈述；可以是全称肯定或否定，也可以是单称(部分)肯定或否定。D项，教师职业倦怠与教师工龄和工作压力之间不存在变量间的期望关系，因此不符合研究假设表述规范。

4. 教育研究假设的表述应当避免使用(　　)。[统考2011年研]

A. 陈述句　　B. 疑问句　　C. 全称肯定判断　　D. 全称否定判断

【答案】B

【解析】研究假设的表述应该简单明了、明确具体。研究假设要以陈述句形式提出，不能用问句或者含糊不清的陈述句形式。研究假设还应该简要，避免使用不必要的复杂概念，做到言简意赅。而且研究假设中的变量是可以操作和测量的，他们之间的关系是有意义的，可检验的。

5. 下面对于研究假设的表述错误的是(　　)。

A. 根据一定的科学知识和新的科学事实对所研究的问题的规律或原因做出的一种推测性论断和假定性解释

B. 在进行研究之前预先设想的、暂定的理论

C. 在进行研究之前，研究者根据个体的主观能动性而设想的各种可能情况

D. 对各种教育问题和现象所作的且尚待证明的初步解释都属于假设性质

【答案】C

【解析】研究假设是根据一定的科学知识和新的科学事实对所研究的问题的规律或原因做出的一种推测性论断和假定性解释，是在进行研究之前预先设想的、暂定的理论。对各种教育问题和现象所作的且尚待证明的初步解释都属于假设性质。

6. 一个好的教育研究假设所具有的特点不包括(　　)。

A. 科学性　　B. 推测性及表述的明确性

C. 可检验性　　D. 科学的世界观

【答案】D

【解析】一个好的教育研究假设应具有：①科学性。假设要有一定的科学根据，建立在明确的概念、已有的科学理论和科学事实的基础上。②假设本身正是科学性和推测性的统一，确定性和不确定性的统一。③表述的明确性。研究假设要以叙述的方式说明两个或更多量之间可期待的关系。④可检验性。假设必须是可检验的，验证推测性的正确程度和可靠性。一个原则是不可检验的陈述是没有科学价值的，因而也就不是一个科学假设。

7. 下面有关教育研究假设基本类型的表述，(　　)是按照假设的形成划分的。

A. 归纳假设、演绎假设、研究假设

B. 描述性假设、解释性假设、预测性假设

C. 归纳假设、解释性假设、预测性假设

D. 描述性假设、解释性假设、研究性假设

【答案】A

【解析】按假设的形成可分为：①归纳假设是基于观察基础上的概括，是人们通过对一些个别经验事实材料的观察得到启示进而概括、推论提出的经验定律；②演绎假设是从教育科学的某一理论或一般性陈述出发推出新结论，推论出某特定假设；③研究假设陈述的是两个变量间所期望的相关(或不同)。按性质和复杂程度可分为：①描述性假设是对事物外部联系和大致的数量关系的推测，是关于对象的大致轮廓的外部表象的一种描写；②解释性假设是揭示事物的内部联系，指出现象质的方面，说明事物原因的一种更复杂、更重要的假设，是比描述性假设高一级的形式；③预测性假设是对事情未来的发展趋势的科学推测，它是基于对现实事物的更深入、更全面了解的基础上提出的更复杂更困难的一种假设。

二、名词解释

教育研究假设[北京师范大学2015年研]

答：教育研究假设是对研究问题的规律或原因的推测性论断和假定性说明。其特征是：

有一定的科学依据；有一定的推测性质。作用是：明确目的、限定数据收集范围；合理设计方案，选择研究方法，验证假设；控制变量，避免盲目，保证结果质量。假设表述的规范性要求有：科学性、推测性、明确性、可检验，表述应简单明了，避免使用不必要的复杂概念，以陈述句提出，变量可操作、可测量。

三、简答题

1. 列举教育研究假设的三种分类方式，并简述假设表述的基本要求。［统考2010年研］

答：假设是根据一定的科学知识和新的科学事实，对所研究问题的规律或原因做出的一种推测性论断和假定性解释，是在进行研究之前预先设想好的、暂定的结论。

(1)教育研究假设的分类

①按照假设的形成逻辑，可分为归纳假设和演绎假设。归纳假设是在观察基础上的概括，是人们通过对一些个别经验事实材料的观察得到的启示，进而概括、推论得出的经验定律；演绎假设是从教育科学的某一理论出发推出新结论，是根据不可直接观察的事物现象或属性之间的某种联系的普遍性，通过理论综合和逻辑推演而提出的理论定律和原理的假设。

②按照假设有无方向性(或倾向性)，可分为方向性假设和非方向性假设。研究假设陈述的是两个变量间所期望的相关或不同。在研究假设中，呈现出方向性假设和非方向性假设两类。方向性假设指出相关或差异的特点，而非方向性假设只简单地指出哪里存在一个相关或差异。

③按照假设的性质和复杂程度，可分为描述性假设、解释性假设和预测性假设。描述性假设，处于科学探索的最初阶段，主要是描述认识对象的结构，向人们提供关于事物的外部联系和大致的数量关系的推测，是关于对象的大致轮廓的外部表象的一种描述；解释性假设是揭示事物的内部联系，指出现象质的方面，说明事物原因与结果的一种更复杂、更重要的假设，这是比描述性假设高一级的形式；预测性假设是对事物未来发展趋势的科学推测，它是在对现实事物的更深入、更全面的了解基础上提出的更复杂、更困难的一种假设。

(2)假设表述的基本要求

①说明两个以上变量间的期望关系。

②假设必须是可检验的，即表述的语义是明确的、可操作的、不至于造成歧义的，假设语义模糊会造成无法检验。

③假设必须是陈述句，而不能是疑问句。可以是肯定陈述，也可以是否定陈述；可以是全称肯定或否定，也可以是单称(部分)肯定或否定。

2. 简述研究假设的特点。

答：研究假设的特点主要有：

(1)假定性

假设是在不完全或不充分的经验事实基础上推导出来的，是有待实践证实的，因而与正式确认的理论不同。通过实践尤其是研究性的实践有可能证明这些假设是正确的(证实)，也有可能证明这些假设是错误的(证伪)，还有可能证明这些假设有一部分正确，但另一部分却需要更新。研究假设只是一种方向性的推测，它需要在研究过程中获取更多事实材料，从而不断调整方向，直到弄清事实真相为止。

(2)科学性

提出研究假设时，要有一定的科学根据，而不是毫无根据的猜想或主观臆断。当然，如果等所有的科学依据都找到了，这时所得到的推断就不是设想而是研究结论了，因此，在提出假设时，可能只有一部分证据。正因为如此，学会合理地提出假设，才有可能在后续研究中搜集更多证据来使假设得到发展(证实、证伪或修改)，从而使研究过程和研究结果获得更高程度的科学性。

(3)明确性

研究假设要以叙述的方式说明教育活动中两个或更多因素之间关系，而且这种关系是有可能存在、有可能被证实的，因此，在表述假设时，概念要简单，表述要清晰、简明、准确、条理分明、结构完整；假设的命题本身在逻辑上是无矛盾的。例如，“根据建构主义理论，逐步提高学生练习的开放性程度，可望提高学生自主建构知识的能力”。这一假设就对可以操纵的因素(“逐步提高学生练习的开放性程度”)、可望检测的结果因素(“学生自主建构知识的能力”)和它们之间的关系(“可望提高”)都有清晰的表述。

(4)可检验性

假设必须是可以通过研究获得更多材料来验证推测的正确程度和可靠性。一个原则上不可检验的陈述是没有科学价值的，故也不是一个科学假设，因此，泛泛而谈的、过于抽象的推测，看似很有道理，若无可检验的手段来证实或证伪，则不能看作是科学的假设。

以这些特点作为标准，衡量我们提出的每一个假说，可以帮助我们自行判断假说是否合理；当然，要使假说在这几个方面都达到要求还需要在研究过程中不断修改、完善。

四、论述题

谈谈研究假设的作用以及形成研究假设的基本途径。

答：之所以需要强调慎重地提出研究性设，是因为好的假设能够使我们的研究思路更为清晰、明确，能够有效地寻找和利用各种研究资源，从而保证研究取得实在的科学成果。

(1)研究假设的作用

①假设能集中反映前期探索的成果

经过慎重考虑提出的假说，往往集中、凝练地反映了前期发现问题、检索文献、确立课题时的探索成果。研究者之所以能够从复杂的教育活动中发现特定的问题，提出研究假设，与自身前期对许多相关的因素做出认真思考、鉴别有着密切的关系。

②假设能指明后续研究的工作方向

假设提炼的过程，是研究思路逐步清晰、突出的过程。提炼出来的假设，又能为后续研究提供纲领性的指导作用。有了清晰的假设，研究者就能清楚地把握研究的内容和方向，对于如何实施研究也就有了明确的指针，在实施研究的过程中处理各种新情况、采用一定方法收集资料、判断新信息价值的时候，也有了可操作的标准。

③假设可以提高研究活动的创造性

在广泛检索文献、了解相关领域研究历史和动态的基础上提出假设，本身就不应是对前人认识的简单重复，而是要有所创造的。将创造力用在哪个方向、用到什么程度，与研究假设有着直接关系。如果研究者提出假设时对有关概念的界定、对相关事物的认识已经在较大程度上超出前人，则由此产生的创造性就有可能更多。

（2）形成研究假设的基本途径

提出假设的具体途径可能很多，而且往往是随着思维火花的闪现而综合采纳多种途径，但若能把握好形成假设的三个基本途径，则可能会在提出假说时做得更好。

①通过归纳形成假设

对于有着丰富教育实践的研究者而言，可以通过对自己所接触到的诸多事实材料进行观察、调查，然后在此基础上进一步概括、抽象，对相关教育现象做出推断。这一过程，可以成为通过归纳形成假设的途径。

②通过演绎形成假设

一般来说，已有的理性认识往往都是从更高层面对教育活动所做的一般性论述，当研究者结合自己的教育实践来体会这些认识时，就有机会从这些一般性论述中推理出更具体的结论。如果这些结论正是针对自己想研究的问题，那么这些推断就可以成为研究假设。这一过程，就是通过演绎形成假设。

③通过类比形成假设

如果说前两种途径分别是在同一领域中“自下而上”和“自上而下”地形成假设的话，那么通过类比形成假设则是在不同领域之间进行比较和推断从而形成推断的过程。尽管人们在具体研究、实践时面对着不同领域，但不同领域之间还是有许多相通之处的。从别的教育活动领域中已经取得的成果中获得启发，反思自己正在研究的领域中的情形．从而对其做出研究性的推断，就是在通过类比的方法形成假设。

总之，研究者要在研究过程中不断完善研究假设，充分发挥假设在教育研究中的作用。

第7章　教育研究的设计

7.1　复习笔记

【知识框架（庖丁解牛）】

- 教育研究的设计
  - 确定研究类型和方法
  - 选择研究对象
    - 总体、样本、取样
    - 选择样本的基本要求
    - 取样的基本方法
  - 分析研究变量
  - 形成研究计划
    - 研究计划的基本内容
    - 研究计划的基本格式

【复习向导（切中肯綮）】

本章主要介绍了教育研究的设计，研究设计是否合理，直接影响着研究目标的实现。进行研究设计，要注意根据研究目的确定研究类型和方法。同时，应注意运用科学的方法开展研究对象的选择。本章还介绍了研究变量的相关知识，并对于如何科学合理地确定因变量和自变量进行了说明。本章最后介绍了研究计划的基本内容和格式。

【考点归纳（游刃有余）】

考点一、确定研究类型和方法

表7－1　研究类型和方法的确定依据

要点	具体内容
根据研究课题的目的要求选择方法	教育研究方法中，不存在绝对的“最优方法”，要选择最有效的哪一种或哪几种方法
注意各种方法的独立性及相互联系	①教育研究方法各具特色，有不同的适用条件和范围，选择方法时要注意它们之间的联系，互相配合使用。 ②考虑被试的特点，研究的主客观条件

考点二、选择研究对象

1．总体、样本、取样

表 7－2　总体、样本和取样的相关概念

要点	具体内容
总体	研究对象的全体，是一定时空范围内研究对象的全部总和
样本	从总体中抽取的、对总体有一定代表性的一部分个体，样本中所包含的个体的数量称为样本容量
取样	①遵循一定的规则，从一个总体中抽取有代表性的一定数量的个体进行研究的过程，用于推断总体。 ②必要性 a. 教育研究涉及对象广泛，逐一研究不必要且困难重重。 b. 按随机原则从全部调查总体中抽选样本单位，保证了研究结果的准确性和可靠性，使研究有一定的深度，提高了研究效率。 c. 可以减小人力、物力、时间的浪费以及数据资源的浪费，避免造成对问卷调查泛滥的抵触情绪

2. 选择样本的基本要求

(1)明确规定总体：从内涵和外延两方面明确总体界限。

(2)取样的随机性：尽可能使每个被抽取的个体具有均等的机会。

(3)取样的代表性：尽可能使抽取的样本能代表总体。

(4)合理的样本容量：科学地确定样本的大小，既满足统计学要求，又要考虑实际。

3. 取样的基本方法

表 7－3　四种取样方法

方法	具体内容
简单随机取样	①概念：按照概率论原理，要尽可能使总体中的每一个基本观测单位都有均等的机会。 ②取样的两种方式：抽签和随机数目表的运用。 ③适用条件：适用于总体异质性不是很大而且所抽取样本较小的情况。 ④评价： a. 优点：保证全部标识的代表性、确定抽样误差的理论值、简便易行。 b. 局限：样本规模小时代表性差
系统随机取样	①概念：先将总体各个观测单位按某一标志顺序排列编号并分成数量相等的组，使组数与取样数相同，然后从每组中依事先规定的机械次序抽取对象。 ②适用条件：适用范围广。 ③评价： a. 优点：比简单随机取样误差小，比分层随机抽样容易操作。 b. 局限：若总体存在周期性变化，会出现系统误差
分层随机取样	①概念：将总体按一定标准，即单位属性特征分成若干层次或类别，然后再按总体中具有各类特征的对象所占的比例，在总体中随机抽取同样比例的样组成分。 ②适用条件：已知研究总体由不同性质的几个部分组成。 ③优点：兼顾总体的各个层面，样本更具有代表性。 ④取样步骤： a. 了解总体中的差别，根据实际分组，并计算每一类别在总体中所占的比例。 b. 根据比例分配各组抽样人数。 c. 从总体中按规定人数在各组中随机抽取样本
整群随机取样	①概念：以群为单位从较大的群总体中随机选择样本，被选群内所有成员都被包含在样本之中。 ②局限：样本分布不均匀，代表性不强

考点三、分析研究变量

表 7－4　分析研究变量

要点	具体内容
初步判断自变量与因变量的关系状态	①自变量、因变量和无关变量： a. 自变量：是研究者主动操纵而变化的变量。 b. 因变量：是由自变量的变化引起相应反应的变量。 c. 控制变量：又称无关变量，是与特定研究目标无关的非研究变量。 ②制定研究计划要对自变量和因变量的关系（相关关系、因果关系、预测关系）进行初步判断
选择自变量	①操纵性自变量是研究者可以主动加以操作的变量；非操纵性自变量是研究者无法主动加以操作的变量。 ②根据研究类型确定操纵性自变量和非操纵性自变量，并确定自变量数目和水平
确定因变量	①确定研究者感兴趣的因变量的变化。 ②确定加以测量和检验的反应指标，即抽象定义和操作定义。抽象定义是对研究变量共同本质的概括；操作定义是变量的较精确与不含糊的定义，将以操作的方式表示
辨别无关变量	考虑无关变量的可能影响，并在研究过程中加以控制

考点四、形成研究计划

1. 研究计划的基本内容

（1）研究题目。
（2）研究目的及意义。
（3）研究的基本内容及研究重难点。
（4）课题的研究思路和方法及进度计划。
（5）研究课题已具备的工作基础和有关条件。
（6）研究成果的预计取向及使用范围。
（7）经费概算以及需购置的仪器设备。

2. 研究计划的基本格式

表 7－5　研究计划的基本格式

类型	具体内容
专题研究计划格式	①本课题研究的目的意义。 ②本课题研究的主要内容。 ③本课题国内外研究现状，预计有哪些突破。 ④完成本课题的条件分析，包括人员结构、资料准备和科研手段等。 ⑤课题组分工情况。 ⑥主要研究阶段及研究成果形式。 ⑦经费预算

续表

类型	具体内容
教育实验研究计划格式	①绪言，包括研究问题、研究假设、已有研究状况的陈述、有关文献的检索。 ②研究的具体方法。 ③总体和样本。 ④研究设计。 ⑤实验过程。 ⑥数据分析的统计技术。 ⑦时间安排。 ⑧预算，包括人力、物力、设备及各种间接费用
研究生论文工作计划格式	①论文的主要内容：内容提要、提纲(内容包括各部分的论点、内容要点、论证方式)。 ②具体安排：包括研究过程、论文工作的阶段名称和内容等

7.2　典型题(含考研真题)详解

一、单项选择题

1．在某市 50 所学校中，使用随机数目表从中随机抽取十所学校开展研究。这种抽样方法是(　　)。[统考 2023 年研]

A．简单随机抽样　B．系统随机抽样　C．分层随机抽样　D．整群随机抽样

【答案】D

【解析】整群随机抽样是指将总体划分成许多组或层，按照随机原则在组或层中抽样，取得整群全体成员均为样本。题干中是从五十个群体中抽选十个群体，这种是整群随机抽样。虽然使用了随机数目表，但并不是简单随机抽样。简单随机抽样是按照概率论的原理，抽样时要尽可能使总体中的每一个基本观察单位都有均等的机会，有被抽中的可能。整群抽选的是群体，简单抽选的个体。因此答案选 D。

2．为了研究不同教学模式对学生代数成绩的影响，三位教师分别采用三种不同教学模式执教三个班的代数课，这一实验研究的自变量和因变量分别是(　　)。[统考 2017 年研]

A．教师和学生　B．教师和学生代数成绩

C．教学模式与学生发展　D．教学模式与学生代数成绩

【答案】D

【解析】在实验中，由实验者操纵和调控的变量叫作自变量。实验中由于实验变量而引起实验对象的变化和结果叫作因变量。题中，实验者操作和调控的变量是教学模式，不同教学模式会造成学生代数成绩不同。

3．如果抽样总体中存在周期性的波动和变化，为了保证样本的代表性，研究者应该避免采用的取样方式是(　　)。[统考 2016 年研]

A．简单随机抽样　B．系统随机抽样　C．分层随机抽样　D．整群随机抽样

【答案】B

【解析】A 项，简单随机抽样是以随机原则为依据的最基本的抽样方法，常用的有抽签法和随机数目表抽样法两种；B 项，系统随机抽样是指按一定的间隔顺序，在总体中抽取样本；C 项，分层随机取样是指按某些特征，先将总体分成若干层次或类别(即子总体)，然后根据事先确定的样本大小及其各层在总体中所占的比例，从每个子总体中独立地抽取子样本的方法；D 项，整群随机抽样是指将总体划分成许多组或层，按照随机原则在组或层(整群)中抽样，抽取的整群全体成员均为样本。

4. 为了解在校生对学校广播节目的评价，某高校学生会从 1200 名学生合住的 200 间宿舍中随机抽取 15 间，对学生进行问卷调查。这样的抽样方法是(　　)。[统考 2015 年研]

A. 简单随机抽样　B. 系统随机抽样　C. 分层随机抽样　D. 整群随机抽样

【答案】D

【解析】整群随机抽样，是将总体按一定标准划分成群或集体，以群或集体为单位按随机的原则从总体中抽取若干群或集体，作为总体的样本，并对抽中的各群中每一个单位都进行实际调查。题干中的宿舍就是已经划分好的群或集体，题干所述的方法就是从整体 200 个宿舍中抽取 15 个宿舍，属于整体随机抽样方法。

5. 在选择研究对象时，下面有关总体的阐述错误的是(　　)。

A. 符合条件的全体研究对象

B. 在某一相同性质上结合起来的许多个别事物的集体，当它成为统计研究对象时，就是总体

C. 研究对象的全体

D. 是一定时空范围内研究对象的全部总和

【答案】A

【解析】样本，是从总体中抽取的、对总体有一定代表性的一部分个体，又称样组。能够代表总体的一定数量的基本观测单位。样本中所包含的个体的数量称为样本容量，即研究对象的全体。凡是在某一相同性质上结合起来的许多个别事物的集体，当它成为统计研究对象时，就称为总体，是一定时空范围内研究对象的全部总和。

6. 简单随机取样的具体方式有(　　)。

A. 抽签、随机样本表　　B. 抽样、随机数目表

C. 抽签、随机数目表　　D. 抽样、随机样本表

【答案】C

【解析】简单随机取样有两种具体方式：①抽签。把总体的每个观测单位依次编上号码并做成签放进一个器皿加以充分混合后，每次从中抽取一个，记下号码，然后把抽取的签再放回器皿中，再次摇动和抽取，如此反复，直到取够样本所需数目为止。②随机数目表是一种经严格制作的由许多数目字组成的表，数字随机排列，操作时，首先随机确定一个表上取数的“起点”，然后按表上所示的数字取样。

7. 下面(　　)不属于取样的基本方法。

A．简单随机取样　B．系统随机取样　C．分层随机取样　D．个体随机取样

【答案】D

【解析】取样的基本方法有：①简单随机取样，即总体中每个成员被选入样本的概率都不为零的取样方法；②系统随机取样，又称等距抽样、机械抽样，是先将总体各个观测单位按某一标志顺序排列编号并分成数量相等的组，使组数与取样数相同，然后从每组中依事先规定的机械次序抽取对象的取样方法；③分层抽样，又称类型抽样、配额抽样，是将总体按一定标准，即单位属性特征（变异度的大小）分成若干层次或类别，然后再按总体中具有各类特征的对象所占的比例，在总体中随机抽取同样比例的样组成分的取样方法；④整体随机取样，是指以群为单位从较大的群总体中随机选择样本，被选群内所有成员都被包含在样本之中的取样方法。

8．下面有关系统随机取样的表述错误的是（　　）。

A．又叫等距抽样　B．在研究系统中采取随机取样

C．又叫机械抽样　D．相比简单随机取样，抽样误差小一些

【答案】B

【解析】系统随机取样，又称等距抽样、机械抽样，是先将总体各个观测单位按某一标志顺序排列编号并分成数量相等的组，使组数与取样数相同，然后从每组中依事先规定的机械次序抽取对象的取样方法。相比简单随机取样，抽样误差小一些。

9．下面对于无关变量的表述正确的是（　　）。

A．是一个相对概念，相对于一项研究的自变量和因变量关系而言

B．与研究主体没有主观联系的变量

C．与研究主体没有客观联系的变量

D．是一个相对概念，相对于一项研究的主观和客观变量而言

【答案】A

【解析】无关变量是一个相对概念，相对于一项研究的自变量和因变量关系而言。如果对无关变量的影响不加以控制或消除，就无法确定因变量变化的根本原因。

10．下面有关研究计划基本格式的表述不正确的是（　　）。

A．教育实践研究计划格式　B．专题研究计划格式

C．教育实验研究计划格式　D．研究生论文工作计划格式

【答案】A

【解析】研究计划的基本格式包括：①专题研究计划格式；②教育实验研究计划格式；③研究生论文工作计划格式。

二、名词解释

1．研究设计［北京师范大学2022年研］

答：研究设计是研究者在正式开始研究之前的“运筹”环节，最终形成研究工作的“施工蓝图”，即计划与安排。研究设计是否合理完善，不仅直接影响研究的预定目标能否实现，影响研究工作的效率，而且影响研究结果的可靠性、科学性。因此，要想使研究达到

预想的结果，就必须在着手进行研究之前缜密地做好设计。做好研究设计主要包括以下几方面内容：①确定研究类型和方法；②选择研究对象；③分析研究变量；④形成研究计划。

2. 取样［首都师范大学 2013 年研］

答： 取样，是遵循一定的规则，从一个总体中抽取有代表性的一定数量的个体进行研究的过程。进行取样的目的在于用一个样本去得到关于这个总体的信息及一般性结论，从样本的特征推断总体，从而对相应的研究做出结论。在一个总体中只抽取样本进行研究是由于教育研究对象的特点和取样本身的基本特点所决定的。

三、简答题

1. 中小学作业负担重的教育调查研究，说明研究题目、研究问题、取样方法、研究工具和编制方法、资料收集的方法和分析处理的方法。［北京师范大学 2018 年研］

答： 研究计划的设计是整个研究工作中的重要的一步。要想使研究达到预想的结果，就必须在着手进行研究之前缜密地做好计划。

（1）研究题目

关于某市中小学学生作业负担的调查研究。

（2）研究问题

某市中小学学生作业负担表现方式及原因。

（3）取样方法

样本总数为某市中小学生全体，采用分层抽样的方法，将一到九年级分为三个层次，再通过分层随机抽样的方法按比例抽取样本数，在回收问卷的基础上进行目的性访谈，采用半结构访谈的形式。

（4）研究工具

有关“某市中小学学生作业负担”调查问卷和访谈提纲。

（5）研究工具的编制

①调查问卷的编制

研究中通过四个维度对问卷进行设计，一是学生对课业负担的总体感受；二是学生的作息时间；三是课外时间安排的情况；四是学生作业与考试情况。

②访谈提纲的编制

研究中的访谈提纲的编制首先要对相关学生、老师、家长进行有关中小学生课业负担现状的实地调研，其次要根据前期调研对访谈进行题目上的维度划分，确定访谈问题，最后要确定访谈的对象、时间、访谈工具，做好记录访谈过程及内容的准备。

（6）资料收集的方法

采用发放问卷的形式，对以样本方法编制好的问卷进行整理，收集数据。在访谈对象同意的基础上进行录音，并整理录音文字，形成原始资料。

（7）分析处理的方法

回收问卷，在剔除无效问卷的基础上，统计有效问卷的回收率，并对问卷进行数据分析，采用 SPSS 对数据进行分析，对结果进行检验。对访谈的资料进行整理，以期进一步地深入了解目标群体对研究问题的真实看法。

2. 简述取样的一般程序。

答：完整的取样过程一般包括以下四个方面：

(1)规定总体

①样本是从总体中抽取出来的，只有总体明确，才可能从中抽出有代表性的样本。

a. 应根据研究的目的要求说明总体的内涵。如研究重点中学学生的课外阅读状况，就应先确定重点中学学生的含义。

b. 应根据使研究结果具有普遍意义的范围，即所要达到的外部效度的水平，确定研究总体的范围。如研究重点中学学生的课外阅读状况，就应先确定是全国所有的重点中学，还是某一个省、一个市的重点中学。

c. 如有可能，还应确切地知道这个范围内总体单位的具体数量。如多少个重点中学和多少名重点中学学生。

②规定总体范围时应同时兼顾到研究的外部效度和其他有关因素。如果总体所限范围过宽，虽然外部效度可大大提高，但要求研究有较大的样本容量，并同时使选择有代表性样本的工作的难度增大。反之，如果把总体范围的界限定得过窄，虽然有助于选择一个适宜的样本，但由于其结论只适用于特定的总体，将极大地降低研究的外部效度与价值。

(2)确定样本容量

①样本容量是指样本内所包含的对象的数目。样本容量与样本的代表性有关，样本容量越大，代表性越好；反之，样本容量太小，就可能失去代表性。

②确定样本容量不能一味从样本的代表性角度考虑，还要与人力、物力等客观条件联系起来。最理想的样本容量是在达到一定代表性要求的前提下，所包含的对象数目最小。

(3)确定抽样方法并选取样本

确定抽样方法时，研究者应考虑：

①研究的目的，研究总体的特征与范围、数量。

②具体抽样方法的特点与要求，以及进行研究工作的主客观条件等。

(4)统计推论

①从样本的统计数据估算出总体的有关参数，是完整取样过程不可缺少的一步，它关系到总体参数的可靠性、取样的误差乃至取样的效果与实际意义。

②在根据样本结果推论总体时应当明确，研究结论在一般情况下只适用于本总体之内，而不能超越该总体，除非有证据表明，这一总体具有许多与另一更大的总体相似的特征。

3. 简述取样的基本方法。

答：取样的方法多种多样，要根据研究目的和条件灵活选用。取样的基本方法有如下四种：

(1)简单随机取样

①简单随机取样是按随机原则直接从总体N个单位中抽取出几个单位作为样本的取样方法。它保证总体的每一个对象有同等的被抽取到的可能性，并要求它们之间都是独立的。

②简单随机取样的具体抽取方式有两种：a. 抽签，即把总体中的每一个体都事先编上号码并做成签，充分混合后从中随机抽取一部分，这部分签所对应的个体就组成了一个样本；b. 利用随机数字表，即运用严格制作的随机数字表，随意地"进入"包含总体数目的随

机数字区，选取所需要的样本数目。它需要随机确定一个“起点”。目前，也可利用计算机上的随机数字功能进行取样。

③随机取样法在理论上最符合概率论原理，简便易行，误差计算方便，在研究者对所研究总体中各类个体的比例不了解，或总体中的个体之间差异程度较小，或样本数目较大等情况下，它是很好的一种取样方法。但是，它也有一些局限性：a. 事先要把研究对象编号，比较费时、费力；b. 总体分布较为分散，会使抽取到的样本的分布也比较分散，给研究带来困难；c. 当样本容量较小时，可能发生偏向，影响样本的代表性；d. 当已知研究对象的某种特征将直接影响研究结果时，要想对其加以控制，就不能采用简单随机取样。

(2)系统随机取样

①系统随机取样，又称等距抽样、机械抽样，是先将总体各个观测单位按某一标志顺序排列编号并分成数量相等的组，使组数与取样数相同，然后从每组中依事先规定的机械次序抽取对象的取样方法。

②系统随机取样能在总体的整个范围内有系统地抽取样本，因此与简单随机取样相比较，抽样误差要小些。如果把其总体的每个观测单位按照某种性质特征的变异度大小或增减程度依次编号，进行系统抽样，其结果常与分层抽样差别不大，但它又有比分层抽样设计更简单的优点。所以在抽样调查中常被采用。

③系统随机抽样，要考虑研究总体的情况。如果总体存在周期性变化，如考试试卷，男生单号，女生双号，那么，很可能出现样本的系统误差，抽取的样本只有一个性别。

(3)分层随机取样

①分层随机取样，又称类型抽样、配额抽样，是将总体按一定标准，即单位属性特征(变异度的大小)分成若干层次或类别，然后再根据事先确定的样本大小及其各层或各类在总体中所占的比例提取一定数目的样本单位，即按总体中具有各类特征的对象所占的比例，在总体中随机抽取同样比例的样组成分的取样方法。

②分层随机取样法的优点是代表性和推论的精确性较好，它适用于总体单位数量较多，并且内部差异较大的研究对象。在样本数量相同时，它比简单随机取样、系统随机取样的抽样误差小；而在抽样误差的要求相同时，它则比简单随机取样、系统随机取样所需样本单位的数量少。此外，还可根据具体情况对各层采取不同的抽取方式和比例，使取样更加灵活，因此，此方法在教育研究中应用十分普遍；但局限性是，要求对总体各单位的情况有较多的了解，否则就难以做出科学的分类，而这一点在实际研究前有时难以做到。如果是采用最优分配分层随机取样，还需根据前人资料或以往研究经验或试测估计标准差，因而比较烦琐。

(4)整群随机取样

整群随机取样是先将总体各单位按一定的标准分成许多群，然后按随机原则从这些群中抽出若干群作为样本的取样方法。整群随机取样法的优点是，样本单位比较集中，适宜于某些特定的研究。如教学实验一般要求以班为单位进行研究，而不能打乱原有的教学单位。因此，在教育科学实验中比较常用此法。此外，在规模较大的调查研究中，整群随机抽样易于组织，可节省人力、物力和时间。但是必须看到，整群取样所获得的样本，由于样本分布不均匀，一般说，代表性不如个别取样，抽样误差因各群间差异较大而比较大。

因此我们在选定研究学校和班级时，必须十分谨慎。

总的来说，抽样的标准、方法以及抽样大小是否适合，关系到研究工作的进程。特别是研究方法的准确性、科学性是研究工作开始时必须妥善解决的一个重要问题；另外，还应该根据研究课题性质特点选择不同取样方法。无论何种取样方法，都会产生一定的抽样误差，研究人员要尽量排除主观因素干扰，保证样本能客观、全面地反映总体，并能通过一定的计算检验样本的代表性程度。

四、论述题

1. 如何实施中小学校园文化建设的研究？［西南大学 2017 年研］

答：研究计划的设计是整个研究工作中的重要的一步。要想使研究达到预想的结果，就必须在着手进行研究之前做好缜密的计划。

(1)确定调查课题

要明确此次中小学校园文化建设的研究是具备现实意义或有理论价值的，而且还是可行的。

(2)选择调查对象

选取调查研究的对象是一个重要环节，选出的调查对象在多大程度上代表总体直接影响到调查结论的准确性和科学性。要选好调查对象，就必须系统地考虑调查的总体、样本数量、抽样方法等问题。就调查对象而言，应严格界定总体的范围和属性，对调查总体的界定应包括对象总体中个体的单位、年龄范围、职业种类、地域分布等内容。

(3)确定调查方法和手段，编制和选用调查工具

在确定了本次校园文化建设的目的和对象之后，就应根据不同的目的要求与不同的研究对象来选择具体的调查手段。

(4)制定调查计划

①明确该研究的目的和意义。

②对校园文化建设调查的内容提纲和内容的操作性说明进行设定。

③确定校园文化建设调查对象的总体、样本数量和抽样方法及要求。

④对校园文化建设的调查手段及工具进行说明。

⑤在进行调查工作之前，对相应的步骤及时间进行安排。

⑥对校园文化建设的调查资料进行分析处理，为调查报告的撰写做准备。

(5)实施调查

运用各种调查方式了解情况，占有资料。调查实施阶段是调查研究的重要环节，调查研究能否取得成效，往往取决这个阶段的工作情况。

(6)整理、分析调查资料，撰写调查报告

调查者搜集的原始资料往往是零散杂乱的，需要调查者根据研究的需要及时地进行分类、汇总、概括、统计，这就是资料的整理。只有在对原始资料进行系统整理的基础上，才能反映出事物存在或变化的特征，才能形成研究结论，才能完成调查报告的撰写。

2. 试述研究计划的一般构成。

答：研究计划是在进行研究设计基础上对整个研究过程的全面规划，对研究的各项主

要工作进行合理的安排。研究工作计划的完成，标志研究的构思阶段基本结束。具体来分析，研究计划的一般构成主要包括以下几个方面：

(1)明确研究目的与选择研究对象

①进行研究设计时，首先要明确研究目的和假设，理清研究的思路。研究目的或研究假设的性质，直接影响着被试的选取、研究变量的确定、资料的具体收集方法与具体设计方式的采用。同样地，对于相关性的研究假设和因果性的研究假设，只有用不同的研究方法才能加以检验。因此，研究设计工作的第一步就是要明确研究目的与假设。

②研究目的明确以后，虽然研究对象的选择范围也大致界定了，但是还需要充分考虑课题对被试代表性和典型性提出的要求，选定具体研究的被试，以保证研究结果可以说明一个地区、某一类情景或某一类对象的一般规律，具有普遍的指导意义。

③此外，还需要根据统计学的知识估算样本容量的大小，即应选取的被试的数量，其目的在于，一方面保证样本的代表性，提高研究推论的精确性；另一方面减少研究者不必要的时间、精力和物力的浪费和过失误差。

总之，做好这一步工作，就是要根据课题的要求和研究的可能性、经济性，选定并设计一个行之有效的抽样方案。

(2)选择研究方法与设计方式

①在教育科学的研究中，可采用的收集事实与数据的方法是多种多样的，如实验室实验、现场实验、谈话法、观察法、问卷法、测量法等，而每种方法又可采用不同的设计方式，如实验法有真实验设计与准实验设计等不同设计方式，它们又可分为许多子类型；观察法有时间取样和事件取样等不同设计方式。这些不同的方法和设计方式各有其优点与局限性，有其特定的适用条件，在研究设计时，应根据研究的目的、被试的特点(如小学生与中学生)、研究的主客观条件(如研究者的科研素养、研究的时间、人力、经费等)、各种方法与设计方式的优缺点与适用条件，选用最适当的方法和设计方式去解决课题所提出的具体问题。

②由于同一研究课题往往可以用多种方法收集数据，而每种方法又有其优点与不足，因此，在目前的教育科学研究工作中，宜提倡多种方法的综合运用，以相互取长补短，提高研究的会聚效度。这已成为当前心理与教育科学研究方法发展的新趋势之一。

(3)确定研究变量与观测指标

①无论采用哪一种或哪几种具体研究方法和设计方式去研究心理与教育领域的问题，都是为了探讨一个或多个变量与另一个或多个变量的关系，并以研究假设的形式对其性质与密切程度进行预测，因此，在选定具体方法和设计方式之后，应根据研究目的与假设，进一步明确本课题所要研究的变量有哪些，不需研究的无关变量有哪些，所研究变量的性质是因果的(即一些是操作或非操作性自变量，另一些是因变量)还是相关的。

②为了避免认识、观念上的分歧和保证研究结果的确定性、可比性，应考虑如何给研究变量下抽象定义和操作定义。比如，研究后进生问题时，就应对“后进生”概念的内涵和外延进行界定，使之可以由客观、科学、可行的观测指标测定，以便日后进行定性和定量的分析。观测指标可以是客观的(如学习成绩)，也可以是主观的(如满意、反感)；可以是定性的，也可以是定量的。如何选用都需要与研究目的、测量手段乃至结果的统计处理方

法等结合起来加以通盘考虑和抉择。

总之，确定研究的具体变量和制定客观可行的观测指标，是对课题进行定性、定量研究的重要途径，对研究工作的质量有重要影响，同时也是科学评价研究结果的必要前提。

(4)选择研究工具与材料

确定了研究变量与观测指标之后，研究设计工作就进入到确定研究材料与工具阶段。进行这方面的工作，主要有两种方式：①选用研究工具或仪器，如学习能力测验量表等，②编制有关研究材料，如为字词学习与记忆实验编制语词表等。上述两种方式中，无论采用哪种方式，确定研究材料与工具都必须全面考虑到研究的目的、被试的特点、研究的其他条件和各种仪器自身的特点和适用条件，从而保证所用材料与工具的科学性、适宜性。

(5)制定研究程序与选择研究环境

①制定研究程序的工作主要有以下四个方面的内容：a. 确定研究材料的组织与呈现方式及其顺序；b. 操作研究变量的有关方法和研究程序安排；c. 拟定指导语，指导语主要用来向被试介绍研究的有关情况，说明被试在研究中所应遵循的程序和完成有关任务的方法；d. 控制无关变量的各种方法。

②对于不同的具体研究问题，其研究程序的内容和设计重点是不同的。在教育科学研究中，研究环境对研究的内部和外部效度有重要影响。因此，它是研究设计时需要认真考虑和选择的。研究环境可分为自然环境和非自然环境。一般来说，在自然环境中所进行的研究其结果的外部效度较高，与此相反，在实验室环境中所进行的研究其结果的内部效度较高。在具体的研究中，需要根据这一特点和研究的具体目的等做出恰当的选择。

(6)考虑数据整理与统计分析的方法

在研究设计时，要初步考虑如何对收集到的研究数据和资料进行整理、分类，用什么方法进行统计分析，并据此对收集资料的方法和内容提出进一步的要求。例如，如果研究结果将用计算机处理，则在问卷设计时就应考虑到如何方便数据的录入。如果事先不加考虑，就可能会出现最后找不到适当的统计分析方法及数据录入困难等情况，从而影响研究工作。

以上是研究计划的一般构成。如果是一项具体的教育实验研究，研究计划既符合上述内容要求，同时又有教育实验本身的项目要求。

第三编　教育研究的基本方法

第8章　教育科学的历史研究法

8.1　复习笔记

【知识框架(庖丁解牛)】

- 教育科学的历史研究法
  - 教育科学的历史研究法概述
    - 基本概念
    - 历史研究法的作用
    - 历史研究法的基本特点
    - 历史研究法的局限性
    - 历史研究法在教育科学研究中的适用范围
  - 历史研究法的一般步骤及方法结构体系
    - 历史研究的一般程序
    - 历史研究法的结构体系分析
  - 历史研究法运用中应注意的问题
    - 注意历史研究中资料的来源及分析鉴别
    - 坚持唯物史观，正确处理历史研究中的几个关系
    - 研究者应具有历史感和现实感

【复习向导(切中肯綮)】

本章主要介绍教育科学研究中的历史研究法，对于历史研究法的基本概念、作用、特点、应用范围及其局限性进行了详细论述；同时还结合实例介绍了历史研究法的一般步骤和结构体系；最后还介绍了方法运用中应该注意的几个问题。通过本章内容的学习，学习者要对历史研究法的基本情况有一个了解，并切实理解在实际运用中需要注意的几个问题。

【考点归纳(游刃有余)】

考点一、教育科学的历史研究法概述

1. 基本概念

表8-1　基本概念

要点	具体内容
历史研究法	是对相关社会历史过程的史料进行分析、破译和整理，以认识研究对象的过去，研究现在和预测未来的一种研究方法

续表

要点	具体内容
教育科学的历史研究法	是通过搜集某种教育现象发生、发展和演变的历史事实，加以系统客观的分析研究，从而揭示其发展规律的一种研究方法

2. 历史研究法的作用

(1)认识现代教育的实质。

(2)借鉴历史经验，预测未来教育发展的方向。

(3)开拓新的教育研究领域和研究课题，提高研究人员的评判分析能力。

3. 历史研究法的基本特点

表 8－2　历史研究法的基本特点

要点	具体内容
历史性	①研究对象是过去发生的教育事件，研究目的是通过对教育事件的历史发展实际过程及具体内容的考察，探求教育规律和未来发展趋势。 ②研究过程按照时间顺序和空间范围再现历史的全过程
具体性	把握最能说明问题的史料，揭示研究对象发展过程中的一切历史形式、全部丰富的内容以及各种相关因素，从中探寻基本规律
以逻辑分析方法为主	可以更深刻地认识事物演变的历史的规律性，更深刻地认识处在萌芽状态、模糊不清的东西

4. 历史研究法的局限性

(1)历史是滞后记载，史料十分零散，很不系统，不利于搜集和考证，降低了研究的可靠性。

(2)历史文献的理论内容，受撰写者和研究者双重主观因素的影响，容易造成失误。

(3)历史研究中无法做精确的量的分析。

5. 历史研究法在教育科学研究中的适用范围

(1)对各个时期教育发展情况的研究。

(2)对历史上教育家们的教育思想理论观点的研究。

(3)对一个时期教育流派、教育思潮的分析研究以及对不同教育流派理论的比较研究。

(4)对一定时期教育制度，如法令、计划、政策等的评判分析。

(5)对外国教育发展状况的分析。

(6)开拓新的研究领域。

考点二、历史研究法的一般步骤及方法结构体系

1. 历史研究的一般程序

(1)分析研究课题的性质、目标以及有关的资料条件。

(2)搜集并鉴别史料。

(3)分析研究史料。

2. 历史研究法的结构体系分析

表 8－3 历史研究法的结构体系分析

要点	具体内容
搜集、鉴别史料	①要通过泛观博览认真发掘史料。 ②要学会使用辑佚、校勘、训诂等方法。 ③要尊重历史，用历史发展观点对待史料，不随意修改
历史事件与历史过程研究	①研究内容 a. 教育领域各学科发展通史（纵向）以及断代史（横向）。 b. 教育领域各学科基本理论与实践发展专题史。 c. 教育科学理论学派史及其教育家基本理论的研究。 ②进行历史研究的方法 a. 历史的分析方法：通过整理、排比史料，清理线索。 b. 逻辑的分析方法：运用逻辑学方法去认识研究历史上的教育问题。 c. 历史研究中的阶级分析方法：应用马克思主义阶级观点观察和分析阶级社会教育历史现象和评论教育史人物
史学理论与方法	马克思主义历史唯物主义方法论是社会科学的一般方法论和指导原则

考点三、历史研究法运用中应注意的问题

1. 注意历史研究中资料的来源及分析鉴别

表 8－4 历史研究资料的来源、分析和鉴别

要点	具体内容
历史研究的资料来源	①原始来源：第一手信息资料。 ②间接来源：第二手信息资料
史料的考证和评价	①外部评论：确定资料的真伪或真实性，涉及文献的形式和外表。 ②内部评论：确定史料的客观性、可靠性，即确定文献资料本身的意义、价值和准确可靠程度
教育史料的鉴别考证	①辨伪考证：辨明是全伪还是部分伪，伪在何处。 ②年代考证：查明记述历史时间是否有矛盾。 ③地点考证：涉及环境条件是否影响史料。 ④作者考证：辨明是不是依托他人姓名著述的“伪书”。 ⑤文献原形考证：对同一著作的不同版本，鉴别是否是善本，是经专家校勘注释过的“精本”或作者本人的稿本。 ⑥相关学科发展提供的新的科技方法

2. 坚持唯物史观，正确处理历史研究中的几个关系

表 8－5 历史研究的唯物史观应用

要点	具体内容
古与今关系	正确对待古与今，尊重历史，古为今用，使教育研究为促进我国教育事业发展服务

续表

要点	具体内容
史与论关系	历史史料收集必须在一定理论指导下进行，史与论结合，收集史料的基础上发现研究问题
批判、继承与创新关系	既不全盘照搬，也不全盘否定，在选择、批判的基础上继承

3. 研究者应具有历史感和现实感

表8－6 研究中的历史感和现实感

要点	具体内容
历史感	以历史事实为前提，尊重历史价值，发挥历史主义精神，创造性转化历史
现实感	研究者要对所处时代教育发展具有高度责任感和参与意识，有意识地借鉴吸收最新研究成果，开阔理论思维视野，在现实与历史的双向考察中深入研究教育的历史现象和历史过程

8.2 典型题(含考研真题)详解

一、单项选择题

1. 在历史研究法的运用中，主要确定文献资料本身的意义、价值和准确可靠程度的评论被称为是(　　)。

A. 外部评论　　B. 内部评论　　C. 辨伪评论　　D. 证真评论

【答案】B

【解析】内部评论主要确定史料的客观性、可靠性，即确定文献资料本身的意义、价值和准确可靠程度(内容特性)。一般而言，影响文献内容正确性的主要因素是：著者的学识能力，品德威望；记载的真实程度；著者的偏见和动机以及资料的一致性程度。

2. 下面有关历史研究法局限性的表述错误的是(　　)。

A. 历史文献的搜集和考证比较困难，影响到历史研究的可靠性问题

B. 历史文献的理论内容受研究者主观因素的影响，很容易造成失误

C. 历史研究中无法做精确的质的分析

D. 历史研究中无法做精确的量的分析

【答案】C

【解析】历史是按年代顺序，经历了一个时间空间错综复杂的发展过程，而历史文献常常是滞后记载，历史史料十分零散，很不系统。由于搜集和考证分析这些史料的困难，影响到历史研究的可靠性问题；历史文献的理论内容，是经过“加工”的抽象形态，留存着加工者们的主观认识；而历史研究过程对史料的分析取舍，又受研究者主观因素的影响，很容易造成失误；历史研究中无法做精确的量的分析。

3. 下面关于历史研究方法，不确切的表述是(　　)。

A. 抽象的分析方法　　B. 历史的分析方法

C. 逻辑的分析方法　　D. 历史研究中的阶级分析方法

【答案】A

【解析】历史的分析方法包括：历史的分析方法：通过整理、排比史料，在错综复杂的历史中分析和清理出发展线索，明确其内在的相互关系或因果关系，论定问题的是非；逻辑的分析方法：运用逻辑学方法去认识研究历史上的教育问题；历史研究中的阶级分析方法：应用马克思主义阶级观点观察和分析阶级社会教育历史现象和评论教育史人物的一种基本方法。

4．历史研究方法系统中的第三层次是(　　)。

A．笛卡尔唯理论的方法论　　B．费尔巴哈的唯物主义方法论

C．马克思主义历史唯物主义方法论　　D．孔德的实证主义方法论

【答案】C

【解析】历史研究方法系统中的第三层次是马克思主义历史唯物主义方法论，这是社会科学的一般方法论，它为教育领域的历史研究提供了指导原则，是通过历史研究建立理论体系，所以是历史研究方法系统的最高层次，但又是研究的落脚点和保证。

5．依据唯物史观，关于历史研究中的几个关系的表述错误的是(　　)。

A．古与今关系　　B．史与论关系

C．批判、继承与创新关系　　D．理论与实践的关系

【答案】D

【解析】坚持唯物史观，正确处理历史研究中的几个关系：①古与今关系，即研究历史与研究现实的关系；②史与论关系，实质是史料与史学关系；③批判、继承与创新关系，在选择、批判基础上继承前人研究成果的目的在于创新，三者是同时交织在一起出现的。正确处理继承与创新的关系，决定着历史研究的深度和广度。

二、名词解释

教育历史研究法［北京师范大学2016年研］

答：教育历史研究法是以历史研究法来研究教育科学，是通过搜集某种教育现象发生、发展和演变的历史事实，加以系统客观的分析研究，从而揭示其发展规律的一种研究方法。教育历史研究法具有历史性、具体性、以逻辑分析方法为主的特征。教育历史研究法通过历史研究揭示教育发展的规律和特点，可以帮助人们认识现代教育的实质。在进行教育问题研究时，必须从历史渊源和时代背景两个方面得出更深刻、更科学、更真实的结论。有助于人们借鉴历史经验，预测未来教育发展的方向，有助于人们开拓新的教育研究领域和研究课题，并不断提高研究人员的评判分析能力。同时，教育历史研究法也存在史料收集困难、真假难辨，易受主观因素影响，无法做精确的量的分析的缺陷。

三、简答题

1．何谓历史研究法？历史研究法在教育科学向现代化、科学化发展的进程中起到什么作用？

答：(1)历史研究法的定义

历史研究法，简称历史法，是借助于对相关社会历史过程的史料进行分析、破译和整

理，以认识研究对象的过去、预测未来的一种研究方法。它从事物发生、发展和消亡的过程中探索其本质和规律性，是人类思维认识能力发展到一定阶段的产物，也是马克思主义理论在科学研究中的具体运用。

(2)作用

历史研究法在教育科学向现代化、科学化发展的进程中发挥重要作用，主要表现为：

①通过历史研究揭示教育发展的规律和特点，帮助人们认识现代教育的实质

当人们在进行任何一个重要的教育问题研究时，必须对该课题进行纵向的历史研究和横向的现实研究，也就是说，要从历史渊源和时代背景两个方面得出更深刻、更科学、更真实的结论。

a. 按照历史唯物主义的基本原则，尊重历史的本来面目，从历史过程中正确地截取特殊矛盾所经历的发生、发展过程作为独立的研究对象，搞清所研究的教育现象产生的历史条件、理论基础，产生后对当时和以后教育发展产生的影响，以及经过了几个什么样的发展阶段而不断得到改造与完善。正是通过纵向的历史发展进程的考察，提供从过去到现在的发展轨迹，体现从原因到结果的发展趋势。

b. 在进行历史研究的同时，要进行横向的现实研究，分析当前时代的发展提出了哪些新的要求，为了回答新的挑战，该教育问题出现了什么样的新特征和新发展。

②通过历史研究，有助于人们借鉴历史经验教训，预测未来发展方向

现实教育是历史的发展，与过去存在着相关或因果关系。大量事实说明，教育的历史现象、过程及规律经常反复重演并对现实社会的教育施加影响。通过历史研究，使人们借鉴历史经验教训，进一步促进教育发展并提高科学化水平，也正由于此，不断的历史反思成为人类文明历史所积淀形成的一种文化心态。

③通过历史研究还有助于人们开拓新的教育研究领域和研究课题，并不断提高研究人员的评判分析能力

在一定意义上说，没有科学的历史研究，就不会产生真正的科学。任何一门学科要想成为真正的科学，就必须运用历史研究法来认识它的过去，理清它的发展脉络和演变规律。

2. 简述历史研究法在教育科学研究中的适用范围。

答：方法的适用范围问题，是指在研究什么样类型性质的教育问题时才能运用历史研究法。一般而言，历史研究法主要适用于研究人们过去的教育实践和教育思想理论。具体地讲，大致可概括为以下几方面：

(1)对各个时期教育发展情况的研究

以历史发展的逻辑顺序完整地认识教育发展史的基本脉络，包括中外教育史从古代、近代到现代教育实践与理论发展的研究，以及中国传统文化与教育发展关系、道德教育、课程教材的发展、教学原则方法的演变、考试选拔制度的改革、科技发展与教育改革、马克思主义教育理论在中国的传播及其发展等。

(2)对历史上教育家们的教育思想理论观点的研究

西方，从柏拉图、亚里士多德、夸美纽斯到赫尔巴特、杜威等，我国从孔丘到朱熹、王夫之以至陶行知，历代涌现出许多重要的教育家，他们在各自教育实践基础上，创造性地继承和发展了前人的思想成果，建立起自己的思想体系，形成各自不同的学术观点，集

中反映出一定时代教育理论与实践革新、发展的轨迹和规律，代表着教育发展演变的各个阶段。

(3)对一个时期教育流派、教育思潮的分析研究，以及对不同教育流派理论的比较研究

这方面侧重于教育思想的研究，其中也包括民族文化传统对教育的影响的研究。这类研究，重点在于揭示各历史阶段不同思潮和流派的特点，对教育实践所起的作用和对后世教育制度以及教育理论发展的影响，并探讨不同思潮和流派论争、融合、演化的规律。

(4)对一定时期教育制度，如法令、计划、政策等的评判分析

我国及世界各国，在长期的历史发展沿革中都有较完备、系统的教育制度，并形成了各自不同的教育传统和教育模式。围绕各级各类教育、古代官学与私学、古代书院与学术文化、考试制度、近代留学制度以及教育管理制度等发展沿革可进行各种专题研究。

(5)对外国教育发展状况的分析

这方面侧重对国际教育的比较研究，内容十分广泛。如各国教育制度问题、外国高校职能的演变、各国实施普及义务教育问题职业技术教育问题、教育立法问题、少年儿童智力发展问题、教育实验与测量问题、高校的研究生教育与学位制问题、课程理论以及各国教育改革的经验和模式问题等。

(6)开拓新的研究领域

如少数民族教育史，古代的科技教育、农业教育、艺术教育、社会教育、军事教育、民主文学教育和家庭教育，古代的幼儿教育、女子教育、成人教育、高等教育以及古代对外教育交流等。

综合以上的陈述可以看出，历史研究法在教育科学研究中的适用范围非常广泛，涵盖了古今中外的教育科学研究问题和新的项目的开发，有助于当前教育科学发展朝着更新、更科学合理的方向提升。

3. 简述历史研究法的基本特点。

答：历史研究法的基本特点如下所述：

(1)历史性

①在研究对象上，历史研究法主要研究对象是过去发生的教育事件，研究目的是通过对教育事件的历史发展实际过程及具体内容的考察，借以探求教育发生、发展、演变的历史规律，并对它未来发展的基本趋势提出科学预言。

②在研究过程上，历史研究法按照历史的时间顺序和空间范围再现历史的全过程，包括它的每个发展阶段。它是一种跟随客观事物本身自然历史发展进行研究的一种思维方法和研究方法，力图按照客观事物本身发展历史的时间顺序和它在各历史发展阶段中的具体形态去进行描述。

(2)具体性

历史研究是在丰富而具体的文献资料基础上，揭示研究对象发展过程中的一切历史形式、全部丰富的内容以及各种相关因素，从中探寻基本规律，所以必须把握最能说明问题的史料。由于历史研究法不是从现有的教育实践去搜集所需要的事实，而只能通过对过去事实的不同形式的记载去恢复过去的事实以供研究。为了善于把握教育事实的总和，文献史料的搜集和鉴别就非常重要。

(3)以逻辑分析方法为主

逻辑分析法，是从纯粹的抽象理论的形态上来揭示对象的本质，通过概念、判断、推理等思维形式，研究事物发展过程的矛盾运动，揭示历史规律并形成科学的理论体系。用逻辑分析方法对历史事实进行理论概括，能更深刻地认识事物演变的历史的规律性，更深刻地认识还只是处在萌芽状态、常常表现得模糊不清的东西。

历史研究法区别于教育科学其他的研究方法体现在，研究者主体与作为被研究客体的历史事件、历史现象和历史过程之间，不是相对同步协调关系，而是一种非共存的历史性关系。客体不是作为现实世界的客体，而是已经凝结、稳定了的过去，是已经发生了的、不可逆转的。主体只能在其所处的时代环境中以现实为起点去认识、思考过去所发生的事件。

4. 简述运用历史研究法的原则和步骤。

答：(1)运用历史研究法的原则

进行教育科学研究，要遵照历史唯物主义的一般原则，唯物地、发展地、具体全面地考察研究对象，以求做出科学的结论和评价。

①从事实出发

教育科学研究要抓事实、抓反映事物总和及其内部联系的材料；全面地、联系地掌握事实，尽可能深入、全面地认识研究对象，揭露其本质和规律性。

②要以发展的观点看待研究对象

一切事物都是不断运动变化的，研究者要把事实材料放在历史的客观联系中进行考察。主要应做到以下几点：

a. 要把握研究对象的运动性，避免以形而上学的静止的观点看问题。

b. 要把握研究对象纵横两方面的联系，即其本身前后的联系，它与非它的联系，由此发现事物发展的规律性。

c. 要把握研究对象在发展过程中的阶段性，从而了解其量变的程度和质变的始点。

③要具体全面地考察研究对象

具体性既指研究对象的概念要确定，又指要把对象提到一定的历史范围之内，进行具体的分析。全面性是指要把握、研究事物的一切方面、一切联系和“中介”。

④在对教育家及其思想学说进行评价时，要处理好个人与群众的联系

既首先肯定人民群众的辛勤劳动和智慧是推动历史、推动社会教育事业发展的根本动力，又承认杰出教育家个人从群众实践基础上概括的思想学说对广大群众的指导作用，以及对教育事业和整个社会历史的促进作用。

(2)运用历史研究法的步骤

①史料的搜集

史料的搜集要充分利用工具书，寻求门径，按图索骥；在搜集史料的过程中深入细致地调查和广泛深入地阅读；将文献书分为精读书、泛读书和查阅书三类来读，从而快速地查找到所需资料。

②史料的鉴别

由于各种原因，许多史料是伪造、失实或难以确定的。鉴别的目的不是为了摈弃史料，

而是为了搞清其真实情况，以便更好地运用。搜集、鉴别史料是历史研究的基础，其主要方法有二重证据法、辨伪、校勘和训诂等。

③史料的分析研究

对史料的分析研究，主要有分析、综合、比较、抽象、概括等几种形式，各种形式都是为了准确地完成从事实材料到理性认识、又使理性认识在事实材料中得到检验这样一个认识过程，即认识的过程要经历从现象具体到抽象规定再到思维具体三个阶段。

四、论述题

试述历史研究法的一般步骤及方法结构体系。

答：(1)历史研究法的一般程序

一般来说，历史研究法主要分为以下三步：

①分析研究课题的性质、所要达到的目标以及有关的资料条件。这里应指出的是，不是任何问题都可以无条件地使用历史研究法，所以要权衡必要与可能。

②史料的搜集与鉴别。要用多种方法尽可能地搜集与研究问题有关的史料，并用各种方式对所搜集的史料鉴别真伪。通过史料再现与反映教育问题历史发展的本来面目，为下一步提供确凿可信的历史事实。

③对史料的分析研究。要用历史唯物主义观点对史料进行分析探讨，以深入考察教育演进的内在成因和机理，弄清不同时期教育具体发展的“所以然”和“为什么”，从而发现和揭示教育演变的规律。

(2)历史研究法的结构体系分析

教育研究中的历史研究法和历史学总体结构相类似，也是一个多层次的立体结构。有的学者认为，史学总体结构包括三个不同层次：史料、历史文献为基础层次，历史过程、本质规律为完成层次，史学理论与方法则为历史哲学的层次。同样，教育科学研究中的历史研究法也基本包括三个层次，每个层次都有相适应的方法要求。

①搜集、鉴别史料是历史研究的基础

历史研究法系统中的第一个层次，是史料的搜集、分析与鉴别，这是历史研究的基础层次。史料，指人们对历史事件发生经过的记述与历史事件有关的实物或遗迹。史料可分为文字史料、实物史料和口传史料。为了给研究提供可靠根据，就要注意搜集和鉴别史料方法的科学性。

a. 要通过泛观博览认真发掘史料。中国教育历史悠久，由于社会动乱频繁，随历史变迁，一些文献毁坏遗失，一些被淹没于书海之中，特别是古代教育思想往往和哲学、政治、文化思想融为一体，需要我们广泛查阅，细心钻研。

b. 要学会使用辑佚、校勘、训诂等方法。辑佚，是将散见于其他书籍中的有关内容搜集编排以反映遗失典籍的梗概；校勘，是对同一部书的不同版本或同一版本的不同卷次之间存在的文字差误进行对照并判定是非；训诂，是通过研究古书中的词义、语法、修辞等精确了解古籍原意。

c. 无论用什么样的方法，都要坚持严谨求实的态度和历史的观点。史料搜集不仅要力求全面、准确地反映研究对象的真实情况，而且要尊重历史的本来面目，用历史发展观点对待史料，不随意涂改史料，不把后人的思想观点强加于前人留下的史料中。要注意搜集不同观点及有争论的史料，证据不足时不轻易做出判断。为排除偏见，避免假象，还应搜集有关的社会政治经济、科技文化和哲学宗教各方面的资料，以便全面地把握历史。

如上所述，搜集、整理、分析处理史料只是历史研究的基础层次，还必须通过历史与逻辑的分析方法以及比较方法等实现历史研究揭示教育发展规律的最终目的。

②历史事件与历史过程发展规律的揭示是历史研究的核心

第二层次是通过分析的方法，进一步揭示历史的发展过程，说明过去、现在与预测未来。这正是历史研究的根本目的。这一层次涉及三方面内容的研究：

a. 教育领域各学科发展通史(纵向)以及断代史(横向)。这是以年代为经，以各学科发展为纬的编年史，分析其萌芽、发生、发展全过程，分析产生发展的客观原因和条件，并研讨内部及外部的相互关系，从而确定教育科学发展阶段分期史。

b. 教育领域各学科基本理论与实践发展专题史。这是就某一个问题，围绕基本概念、范畴和基本理论进行的相对比较集中深入的专题研究，不仅要搜集新的材料，同时要抽象出前人或他人未曾表述过的新认识，从而把该问题的研究向前推进一步。

c. 教育科学理论学派史及其教育家基本理论的研究。这是通过对各学派及代表人物的理论特征、方法上的创造与特色以及在教育科学发展中的地位和作用的研究，探讨该学派理论的渊源与发展演变，历史上的贡献与局限性。

因此，在搜集鉴别史料基础上，需要通过分析、比较的方法进行深入研究。

③马克思主义的历史唯物主义是历史研究的科学方法论

历史研究方法系统中的第三层次是马克思主义历史唯物主义方法论，这是社会科学的一般方法论，它为教育领域的历史研究提供了指导原则，是通过历史研究建立理论体系，所以是历史研究方法系统的最高层次，但又是研究的落脚点和保证。

第9章　教育科学的调查研究法

9.1　复习笔记

【知识框架(庖丁解牛)】

- 教育科学的调查研究法
  - 教育调查研究法的一般原理
  - 调查表、问卷及访谈
    - 调查表
    - 问卷调查
    - 访谈
  - 教育的观察研究
  - 教育的测验调查
    - 测验调查概述
    - 测验与传统考试的区别

【复习向导(切中肯綮)】

本章主要介绍了教育科学的调查研究法，并着重从问卷、访谈、观察以及测验四个方面进行了详细论述，通过本章内容的学习，学习者要对几类教育调查方法进行分别记忆和掌握，要能根据实际教育科学研究的情况进行灵活应用。

【考点归纳(游刃有余)】

考点一、教育调查研究法的一般原理

表9－1 教育调查研究法的一般原理

要点	具体内容
定义	教育调查研究法是在教育理论指导下，通过运用观察、列表、问卷、访谈、个案研究以及测验搜集教育问题的资料，从而对教育的现状做出科学的分析和认识，并提出具体工作建议的一整套实践活动的研究方法
特性	①它着重研究现实情况。 ②它搜集的是自然状态下反映实际情况的材料，对研究对象不加任何干涉。 ③它是为了认识某种教育现象、过程或解决某个实际问题而进行的有目的有计划的实地考察活动；它有一套研究的方法和工作程序，并以调查报告作为研究成果的表现形式
过程	①调查，是用科学的手段和方法搜集有关研究对象的客观事实材料。 ②研究，是对搜集得来的事实材料进行整理和理论分析

续表

要点	具体内容
类型	①按调查对象的选择范围可分为典型调查、普遍调查、抽样调查、个案调查和专家调查。 a. 典型调查：从调查对象总体中选择一部分具有代表性的单位进行深入的调查。 b. 全面调查，又称普查，是对调查对象总体的每一部分进行调查。 c. 抽样调查，是从调查对象总体中抽取部分样本进行调查，以部分情况推断总体情况。 d. 个案调查，是从调查对象总体中选取个别有显著特征的对象进行调查。 e. 专家调查，又称德尔菲(古希腊城市名)法，是根据所要调查的问题，请有关专家提出自己的分析判断。 ②按调查的内容可分为： a. 学科性的典型调查。这种类型的调查带有探索性，重在研究某教育现象或过程内部多种因素的相互关系以及发展的基本特点。 b. 反馈性的普遍调查。这类调查往往占有全面的材料，得出的结论可靠性较高。 c. 预测性的抽样调查。主要用于对某一时期的教育发展趋势动向进行预测研究。 ③按调查采用的方式方法可分为： a. 调查表法、问卷法和访谈法，主要是通过被调查者自我报告方式搜集资料。 b. 观察法和个案研究法，是由研究者经过自己的感官等方式搜集资料。 c. 调查的测验方法，是通过一定的测试题来搜集有关资料。 d. 总结经验法。 ④按综合性程度可分为： a. 包括学校调查、社会调查及公意调查的一般调查研究。 b. 包括个案研究、因果比较研究、相关研究的溯因调查研究。 c. 包括儿童发展研究、趋势研究的发展调查研究
功能	①揭露问题，暴露矛盾：通过不断发现并解决教育中的各种问题和矛盾来改进教育工作。 ②推广经验，改进工作：通过不断总结并推广教育中的各种先进思想和先进经验来提高教育质量。 ③搜集材料，提供依据：通过不断搜集并整理教育中的各种事实材料来为教育政策的制定提供依据
程序	①分析选择方式：根据研究课题的性质、目的任务，确定调查对象、调查地点，选择相应的调查类型和调查方式。 ②拟定调查计划：a. 调查项目能否有效地反映所要研究的问题，项目的构成是否合理简便；b. 对项目如何进行比较科学的分类；c. 如何制定与分类标准相适应的评价标准，以便对获得的资料进行统计处理。 ③做好准备：做好各种技术、事务和组织准备，包括培训调查组成员、资料及有关调查器材的准备等。 ④进行试探性调查：进得到被调查对象的一般认识，修改调查提纲及工作方案。 ⑤制定调查表格：制定调查表格，观察、问卷、访谈提纲以及编制测验题题目。 ⑥实施调查：运用各种调查方式了解情况，占有材料。 ⑦整理调查材料：分析调查结果，并得出调查结论。 ⑧写出调查报告：对所研究的问题做出解释，提出问题的意见和建议

考点二、调查表、问卷及访谈

1. 调查表

表9-2 调查表

要点	具体内容
定义	调查表是调查研究工作中用以对调查对象进行调查登记，并列有一系列调查项目的表格

续表

要点	具体内容
特点	①调查范围较广。 ②注重事实资料的搜集。 ③由被调查群体有关承办人依据实际情况填写，具有可靠性。 ④调查表简明，便于统计
种类	①单一表：将研究对象按一个标志进行分类。 ②一览表：将研究对象按多个标志进行分类
格式	①总标题。 ②横行与横标目、纵栏与纵标目。 ③数字资料。 ④表尾。 ⑤附录，包括注释与说明
编制	①根据研究课题拟定研究的具体问题，从而界定表格涉及的内容范围。 ②要对每一基本方面项目的具体内容有准确的把握，客观地反映事物的全貌及蕴含的特性，便于分析和对比
要求	①表的标题应简明醒目，使人一望而知其意义。 ②表的大小须能容纳所有调查项目，并便于携带和保管。 ③表中的调查项目应做有系统的排列，要简明清晰，每一项目均须留有足够填写该项答案的空白。 ④为防止答案不确实，宜有相互参证的调查项目。 ⑤表尾应注明调查单位，并留有书写调查员及填表者姓名和填表日期的空当。 ⑥应附有"填表说明"，首先应说明调查的目的和重要意义，以解除被调查者的怀疑，争取被调查者的协作和配合；其次应说明填表要求，有关指标的计算方法及填表时应注意事项等

2. 问卷调查

表 9－3 问卷调查

要点	具体内容
定义	问卷调查是研究者以书面提出问题的方式来收集研究对象关于教育问题或教育现象的信息和资料的方式
特点	①优点 a. 方便实用，省时，花钱少。 b. 由于可以不署名，在某种情况下结论比较客观。 c. 能搜集大样本信息资料，收效大。 d. 便于整理归类，能做量的统计处理，调查结果有一定代表性。 ②缺点 a. 如果问卷中的问题不明确或题量过大会影响结论的代表性。 b. 应用范围较广，搜集的资料往往是表面的，无法深入了解深层次的内心世界真实情况。 c. 若部分调查对象不做回答，也会影响问卷的效度
类型	①结构型问卷：问题的答案被限制，即被调查者只允许在问卷所限制的范围内进行挑选。结构型问卷包括以下题型： a. 是否式。 b. 选择式。

续表

要点	具体内容
类型	c. 评判式。 d. 划记式。 ②非结构型问卷：问题的答案不被限制，即被调查者可以自由作答。非结构型问卷往往用于以下情况： a. 较深层次的问题研究。 b. 在研究初期，对所研究的问题或研究的对象有关情况还不十分清楚的情况下，来帮助研究人员设计封闭式问卷。 ③综合型问卷：问题形式一般以封闭型为主，根据需要加上若干开放性问题
编制	①明确研究目的，根据研究目的和假设范围收集所需资料，并确定调查对象。 ②列出问卷调查所需研究问题的纲要，确定所要搜集的信息和问卷类型。 ③围绕主题草拟问题，列出标题和各部分具体项目。 ④征求有关人员、专家的意见，修订项目。 ⑤试测，并求出信度、效度。 ⑥再修订，根据试测结果，对项目内容、排列方式加以改进，然后打印
要求	①问题的范围：明确是用于小范围还是大范围；是了解人们的意向性问题还是过程方面的事实材料。 ②问题的内容：符合课题研究目的和假设的需要。 ③问题的数量：适度。 ④问题的文字表达：简明扼要，通俗易懂，容易回答。 ⑤问题的排列顺序：类别清楚，层次分明，合乎逻辑。 ⑥问题中隐含的心理因素：问题不应具有暗示倾向性；问题不要较深涉及个人隐私
其他	①确定发放的形式。 a. 邮寄。邮寄简便易行，省时省力，但影响问卷回收率。 b. 有组织的分配。发放迅速，回收率高，便于汇集和整理。 c. 当面填答。回收率高，不明白问题可当面提问，但取样范围数量有限。 ②对问卷回收率的计算：一般问卷回收率不应少于 70%，不足 70% 的要再发一封信及一份问卷。 ③对问卷回答偏斜估计：被调查者未真实反映事情的客观情况，因此对收回的问卷应做出偏斜估计

3. 访谈

表 9－4　访谈

要点	具体内容
定义	访谈是以口头形式，根据被询问者的答复搜集客观的、不带偏见的事实材料，以准确地说明样本所要代表的总体的一种方式
特点	①优点：灵活性强、获取信息完整真实、适用范围更为广泛等。 ②缺点：样本小、费用多、时间长、效率较低、标准化程度不高、难以统计、调查过程容易产生偏差、不能体现匿名的特点
类型	有正式访谈，也有非正式访谈；有个别访谈，也有团体访谈
程序	①确定内容方式： a. 就研究者对访谈过程的控制而言，需要选择结构式访谈或无结构式访谈。 b. 就访谈的次数而言，需要选择一次性访谈或重复性访谈。

续表

要点	具体内容
程序	c. 就访谈对象的数量而言，需要选择个别访谈或集体访谈。 ②做好访谈准备： 除了准备必要的工具(如笔、纸、录音设备或录像设备)和访谈提纲之外，还应注意： a. 选择访谈对象。 b. 商定时间地点。 c. 协调相关事宜。 ③调控访谈过程： a. 提问清晰、明确，语气委婉、从容。尽量使被访者一听就明白问题的实质，为此，要尽量用对方熟悉的语言提问．语气和态度不要咄咄逼人。 b. 控制谈话节奏，把握好问题的重复、停顿、追问的时机。访谈者应耐心、礼貌地听取受访者的陈述，注意适当重复问题或者追问，适当停顿，给访谈对象一定的思考时间，并对重要的问题进行追问。如果有必要，可以通过自己的表情与行为表达一定的思想，感情．以达到调控访谈进程的目的。 c. 淡化某些敏感性的问题。对涉及个人隐私的问题、与个人利益相关的问题尽可能 回避不提，在必要时，对这类问题淡化处理．消除受访者的顾虑，保持谈话的连续性。 d. 准确记录，主动总结。在访谈时，调查者要在提问的同时．注意观察访谈对象的表情，分析并及时判断访谈对象陈述的真实性和客观性．还要迅速准确地记录其陈述的内容。在征得被访者同意的前提下．可以采用录音、录像等方式记录。 ④整理访谈资料： 在访谈结束后，要及时整理和分析资料。对于通过录音、录像等形式记录的内容，最好及时转换为文字表述，以及时发现一当场可能忽视了的特殊词语或说法(往往是被访者及其所在群体的习惯用语或专用语)和相关信息。如果有必要，还应及时追问或寻找更多线索来证实相关内容，在此基础上，整理成文，并探讨相关问题
要求	①谈话要遵循共同的标准程序。 ②访谈前尽可能收集有关被访者的材料；要分析被访者能否提供有价值的材料；考虑如何取得被访者的信任和合作；在访谈时要掌握好发问的技术。 ③访谈所提问题，要简单明白，易于回答；提问的方式、用词的选择、问题的范围要适合被访者的知识水平和习惯；谈话内容要及时记录。 ④研究者要做好访谈过程中的心理调控

考点三、教育的观察研究

表 9 – 5 教育的观察研究

要点	具体内容
定义	教育观察是研究者按照预定的计划，对于观察对象的范围、条件和方法做明确选择，有目的地直接观察，搜集事实材料并加以分析研究
特点	①优点： a. 可以获得认识该事物的比较充实、比较客观的事实材料，从而有利于教育科学理论的提出。 b. 观察研究是检验教育科学理论观点是否正确的重要途径。 c. 观察有助于研究课题的选择和形成。 ②缺点： a. 观察不能判断“为什么”这一类因果关系的问题。

续表

要点	具体内容
特点	b. 由于观察时间和观察情境的限制，在研究对象人数多且分散的情况下应用较困难。 c. 由于教育现象的复杂且处于不断变化之中，会影响研究的信度。 d. 观察研究往往取样小，观察资料普遍性的程度不高
类型	①按观察的情境条件分： a. 自然情境中的观察，包括自然行为的偶然现象观察和系统的现象观察。 b. 实验室中的观察，这种观察有严密计划，有利于探讨事物内在因果联系。 ②按观察的方式分： a. 直接观察，是凭借人的感官，在现场直接对观察对象进行感知和描述的方法，直观具体。 b. 间接观察，是利用一定的仪器或其他技术手段作为中介对观察对象进行考察的方法。 ③按观察者是否直接参与来分： a. 参与观察法，是研究者直接参加到所观察对象的群体和活动当中去，不暴露研究者真正身份，在参与活动中进行隐蔽性的观察方法。 b. 非参与性观察法，是指研究人员以“旁观者”身份对研究对象进行观察的方法，结论可能比较客观，但不易获得深层次的材料。 ④按观察实施的方法分： a. 结构式观察，是有明确目标、问题和范围，有详细的观察计划、步骤和合理设计的可控性观察。 b. 非结构式观察，是对研究问题的范围目标取弹性态度，观察内容项目与观察步骤不预先确定，也无具体记录要求的非控制性观察
程序	①明确观察目的和意义。 ②检索资料、访谈专家，搜集有关观察对象的文献资料，并进行阅读分析。 ③编制观察提纲。 ④实施观察。 ⑤资料收集记录。 ⑥分析资料，得出结论
记录	①描述记录方法：又可分为日记描述法、轶事记录法、连续记录法等。 ②取样记录方法：又可分为时间取样法、活动取样法、事件取样法等
要求	①目的性：观察要有明确的目的，研究者要按照研究课题确定的目的作为标准，排除干扰的因素，使研究的主要对象及其主要过程得到充分暴露。 ②客观性：研究者必须注意克服先入为主的偏见、无意过失、假象与错觉。 ③自觉性：研究者要以科学理论为指导，提高收集事实材料的可靠性，提高从事实材料中概括提炼形成的观察结论的可靠性，科学解释观察结果

考点四、教育的测验调查

1. 测验调查概述

表 9－6　测验调查概述

要点	具体内容
定义	测验调查法是用一组测试题去测定某种教育现象的实际情境，从而收集资料数据进行研究的一种方法

续表

要点	具体内容
特点	①测验题目，无论是标准化题目还是教师自编题目，都要能反映研究课题。 ②严格按规定进行操作，统一指导语和评分标准。 ③测验人数较多时，需要做抽样调查。 ④分析统计材料时，要特别注意材料中反映的特点
类型	①二分法分类： a. 按测试方法：标准化与非标准化测验。 b. 按施测对象：个别测验和团体测验。 c. 按测试时间：速度和难度测验。 d. 按测验目的：发展性测验和诊断性测验。 e. 按测验呈现材料：文字和非文字。 ②按行为目标、测验内容分类： a. 智力测验：测验被试的智慧的高低。 b. 能力倾向测验：测验被试潜在的某种能力。 c. 成就测验：测验被试某种学科或训练的学业成绩，了解其已达到的水平。 d. 个性人格测验：测验被试的气质、兴趣、态度、价值观等人格特征
功能	①诊断的功能：通过量的分析，搜集信息数据，支持某一论点或得出新的结论。 ②建立和检验科学假设的功能：通过测验，帮助研究者建立假设，并检验这一假设。 ③评价的功能：用于探索性研究课题，为科学评价提供可靠依据。 ④预测、选拔功能：用于预测、选拔方面，为教育研究提供重要条件
程序	①决定测验目标：a. 要确定测验目的；b. 要明确测试对象；c. 要明确具体测试目标。 ②制定一个达到目的的测验计划：一般按教学大纲教学时间比例等确定测题的数目分配比例，然后列一个双向细目表。 ③编制测验栏目：编题时，要收集有代表性的尽可能全面的有关资料，同时选择测验题的形式。 ④检查测验题目并判断题目的质量：在小范围内试测并分析题目的信度、效度、区分度和难度。 ⑤进行正式测试：施测时要按测试的指导语及操作程序进行。 ⑥利用测试题目中有关学生的反馈信息：便于改进题目并判断学生学习到和未学习到的
编题	①通过任务分析，选择教育测验材料，要将目标转换为可操作性的语言。 a. 任务分析的内容：第一，信息加工或过程分析；第二，学习任务分析。 b. 选择教育测验材料的基本方法：第一，以实际行为表现为选材标准的方法；第二，分析文字材料的方法；第三，借鉴有关测验或量表。 ②确定题目类型： a. 备择式： 第一，多重选择题。 第二，是非题、正误题。 第三，匹配题。 第四，排列题。 第五，改错题。 b. 自由反应式： 第一，简答题。 第二，填空题。

续表

要点	具体内容
编题	第三，论文题。 第四，应用题。 第五，操作题。 第六，联想题。 ③编排试题： a. 试题编排的方法主要有并列直进式和混合螺旋式。 b. 教育研究进行多次测验时，需要多次使用某个测验的情况。 ④严格控制施测过程： a. 定指导语、时间限制。速度测验，时间限制要严；难度测验，时间可以松一点。 b. 定评分标准。 c. 分数合成
要求	一个比较好的测验的基本标准：测验的准确性要高，测验的可靠性要高，还应有常模以便比较

2. 测验与传统考试的区别

(1)取材范围不同。考试一般限于所教的某一学科，涉及的范围不确定；测验范围较广，可涉及各个学科、各种可进行量的分析的材料或教材。

(2)编制试题手续不同。考试题一般由教师个人编制；测验题多数情况是由有关专家主持审慎地选题，并对试题的信度、效度进行测试分析，编制过程较严密。

(3)施测过程不同。考试相对来说不太规范严格；测验用于研究，有着严格的规范，且有指导语和施行规则。

(4)对分数的解释不同。考试无常模，无参照，受评分者主观因素影响，评分标准不客观；测验有一个常模参照系，说明在团体中的相对位置。

(5)应用范围不同。考试一般用于学业成就；测验范围较广。

9.2　典型题(含考研真题)详解

一、单项选择题

1. 跨学科主题学习是《义务教育方案实施(2022 年版)》要求的教学方式之一。为了了解中小学校长对跨学科主题学习的看法，某研究者设计访谈题目，下列不符合访谈题目设计要求的是(　　)。[统考 2024 年研]

A. 您认为学校实施跨学科主题学习的意义是什么?

B. 有专家认为跨学科主题学习在中小学很难实施，您同意吗?

C. 实施跨学科主题学习需要具备一些条件，您认为这些条件是什么?

D. 您认为学校应如何推进跨学科主题学习?

【答案】B

【解析】B 项，“有专家认为”的问法带有一定的引导性、倾向性，会影响受访者对跨学科主题学习的判断，故不符合访谈题目设计要求。

2．某研究团队采用观察法研究幼儿游戏中的冲突事件。事先制定了观察记录表，记录幼儿冲突行为主体、起因、过程和结果。为了不干扰幼儿园正常活动，经与幼儿园沟通，研究者每周二上午入园观察。这种记录方法是（　　）。［统考 2022 年研］

A．事件取样法　　B．行为检核法　　C．时间取样法　　D．轶事记录法

【答案】A

【解析】A 项，事件取样法是指以事件为单位进行观察，对事件从头到尾地进行观察，注重特定行为或事件的特征和全过程，记录特定行为或事件的发生、发展、原因、结果和事件发生时情境。题干中，记录幼儿冲突主体、起因、过程、结果，属于事件取样法。B 项，没有提到根据观察到的事件或行为，对照观察核对表中的各个项目逐条检核，在符合的条目上做记号，不属于行为检核法。C 项，没有提到记录行为呈现与否，呈现频率及其持续时间，不属于时间取样法；D 项，没有提到记录有价值的行为，不属于轶事记录法。

3．观察法作为一种常用的研究方法，也存在一些局限，其中直接观察法的局限在于（　　）。［统考 2020 年研］

A．不易收集非语言行为　　B．不便于在自然情境下进行

C．不利于纵向分析　　D．不适合大规模的研究

【答案】D

【解析】观察法是指研究者根据一定的研究目的、研究提纲或观察表，用自己的感官和辅助工具去直接观察被研究对象，从而获得资料的一种方法，一般适合小样本或个案，不适合大样本研究。观察法按照观察的方式（是否借助仪器和设备）不同，可以分为直接观察法和间接观察法。直接观察法是指凭借人的感官，在现场直接对观察对象进行感知和描述的方法，优点是直观具体。直接观察法作为观察法的一种类型，天然地承接了观察法的局限性，即直接观察法适合小样本或个案，但不适合大规模的观察研究。

4．为了研究教师的强化方式与学生学业成绩之间的关系，某研究者把被试学生分成受表扬组、受训斥组、静听组、无强化组等四种强化方式组开展为期一年的实验研究。这种研究设计违背了教育研究的（　　）。［统考 2018 年研］

A．客观性原则　　B．创新性原则

C．理论联系实际原则　　D．伦理原则

【答案】D

【解析】教育研究设计应遵循的基本原则包括：客观性原则、创新性原则、理论联系实际原则和伦理原则，题目中如果受训组的强化方式在降低学生的成绩，那么经过一年的实验，这组学生的个体发展会受到侵害，这违背了伦理性，是我们教育研究要尽可能避免的，因此答案选 D。

5．在非结构参与式观察研究中，最适宜采用的记录方法是（　　）。［江苏大学 2015 研；统考 2010 年研］

A．时间取样记录法　　B．日记描述记录法

C．行为检查记录法　　D．事件取样记录法

【答案】B

【解析】在非结构参与式观察研究中，由于观察者需要深入到观察的客体中去，充当其中的一个角色参与活动，属于无具体记录要求的非控制性观察。因此，在非结构参与式观察研究中最适宜采用对多研究对象的长时间追踪观察，即日记描述记录法。

6. 受身心发展水平的制约，幼儿的语言表达能力和理解能力转弱，行为随意性强，自我控制水平低，在对其进行研究时，较适宜采用(　　)。[统考2014年研]

A. 实验法　　B. 访谈法　　C. 观察法　　D. 问卷法

【答案】C

【解析】由于幼儿的语言表达能力和理解能力不强，不具有阅读能力，所以不能采用访谈法和问卷法，另外，幼儿的自我控制能力差，也不宜采用实验法。因此，在对幼儿进行研究时较适宜采用观察法。

7. 某研究者欲考察教师对学生期望值的高低与师生关系之间的相关性，他每天用一小时的时间去教室随机观察师生互动行为，并根据实际情况灵活记录观察结果。这种观察是(　　)。[统考2011年研]

A. 参与式、结构式观察　　B. 参与式、非结构式观察

C. 非参与式、结构式观察　　D. 非参与式、非结构式观察

【答案】D

【解析】不同的分类标准可以形成不同的教育观察。根据观察者是否直接参与被观察者所从事的活动而分为：参与式观察和非参与式观察。根据观察的实施程序和方法可以分为结构式观察和非结构式观察。结构式观察：是在观察活动开始之前，观察者严格地界定研究问题，依照一定的步骤与项目进行观察，同时采用准确的工具进行记录，是观察法中最严格的一种。非结构式观察：是相对于结构观察而言的，这种观察只有一个总的观察目标和方向，或一个大致的观察内容和范围，缺乏明确的观察项目和固定的记录方式。

8. 与问卷调查相比，访谈调查的优点是(　　)。[统考2010年研]

A. 更具客观性　　B. 更有利于做大样本研究

C. 更有利于研究深层次的复杂问题　　D. 更易对数据进行编码处理

【答案】C

【解析】与问卷调查相比，访谈法最大的优点就是灵活性强、可以深入了解问题。在访谈过程中，调查员可以根据访谈过程中的具体情况，对有关问题进行重复解释，使被调查者了解问题的实质。

9. 编制态度问卷，下面不正确的叙述是(　　)。

A. 题目不可以使用双重否定句　　B. 应尽量回避社会赞许性高的问题

C. 量表尺度在7±2之间最好　　D. 一般说来，编制问卷的题目越多越好

【答案】D

【解析】试题是问卷的主体，在编制问卷时不但要注重试题的质量，而且还要注意试题的数量，题目既不是越多越好，也不是越少越好，而是要适量。

10. 访谈过程的标准化是(　　)访谈调查最显著的特点。

A. 结构性　　B. 重复性　　C. 集体性　　D. 系统性

【答案】A

【解析】结构性访谈是对各种条件要进行控制的、规范的访谈，访谈过程标准化是其最显著的特点。

11. 提高问卷效度的关键是(　　)。

A. 正确选题　　B. 写好指导语

C. 问卷题目的行文技巧　　D. 设计“目标体系”

【答案】D

【解析】在设计问卷的过程中，要想提高问卷的效度，最关键的是要设计好“目标体系”。

二、名词解释

1. 测量调查[北京师范大学2017年研]

答：测量调查，又称测验调查，是用一组测试题去测定某种教育现象的实际情境，从而收集资料数据进行研究的一种方法。其基本特点是根据一定法则，以测验为工具对研究对象进行测试并进行数量化分析。它可以把抽象、概括的理论研究成果转化为反映个体发展水平的方便工具并提供可靠依据。测量调查的操作要点有：①测验题目，无论是标准化题目还是教师自编题目，都要能反映研究课题。②严格按规定进行操作，统一指导语，统一评分标准。③测验人数较多时，需要做抽样调查。④分析统计材料时，要特别注意材料中反映的特点。

2. 问卷调查[北京师范大学2014年研]

答：问卷调查是研究者以按照一定的要求、程序编制的问卷为工具，收集数据资料的一种方法，是收集数据的最基本最常用的方法之一，特点是标准化、匿名性、范围广、成本低、效率高。①优点：方便实用，省时省钱；匿名与客观性强；范围广，适合大样本；标准化程度高，容易量化，便于整理归类以及统计处理。②缺点：缺乏调查者的主动性；调查不深入，无法观察被试在回答问题时的反应；不作答的问题会影响试卷的效度；调查结果取决于被调查者的合作态度和实事求是的科学精神；灵活性差，无法随时调整题目。

3. 参与性观察[首都师范大学2014年研]

答：参与性观察是指研究者直接参加到所观察对象的群体和活动当中去，不暴露研究者真正身份，在参与活动中进行隐蔽性的研究观察。其好处是，不破坏和影响观察对象的原有结构和内部关系，因而能够获得有关较深层的结构和关系的材料；不足是，由于研究者主观因素的影响，处理不当易影响观察的客观性。

三、简答题

1. 在质性研究的访谈过程中，倾听是获得信息的重要手段，简述在开放式访谈中，研究者应该如何有效倾听。[统考2023年研]

答：在开放式访谈中，要做到有效倾听，需要做到以下三个方面：

(1)倾听时：①不要打断：容忍适度的沉默。②不做是非判断：避免反驳和盘问。③保持倾听：表现对受访者的重视、接纳和理解。

(2)倾听时的言语回应：①认可：言语回应，如“嗯”“对”“是的”“很好”；非言语回应，如点头、微笑、鼓励的目光。②重复、重组和总结：检验自己的理解是否正确；帮助受访者厘清思路。

(3)倾听时的非言语行为技巧：①表情：要礼貌、耐心、真诚。②眼神交流：既不能只顾低头记笔记，也不能一直盯着受访者。

2. 简述教育研究中抽样的基本要求。［统考 2020 年研］

答：抽样是指按照一定规则，从总体中抽取有代表性的一定数量的个体进行研究的过程。抽样的基本要求包括：

(1)明确规定总体。要从内涵与外延两方面明确总体界限，研究的目的、课题性质决定了总体的内涵。同时研究目的也决定了总体的范围，研究者准备将研究成果推广到什么样的范围，就应在该范围内抽样。

(2)取样的随机性。要尽可能使每个被抽取的个体具有均等的机会，也就是说使被抽取的任何个体与个体之间是彼此独立的，在选择上没有联系。

(3)取样强调代表性。尽可能使抽取的样本代表总体。

(4)抽取样本容量合理。要科学地确定样本的大小，既要满足统计学上的要求，又要考虑实际上收集资料的可能性，并使误差减到最低限度。

3. 联系实际，叙述调查前的准备工作有哪些？

答：调查前的准备工作，是整个调查工作的基础和前提。调查人员无论是个人或集体，都应充分做好调查前的准备工作。调查前的准备工作具体应抓好如下几方面：

(1)确定调查课题。确定调查课题时，要遵循目的性原则、价值性原则和量力性原则。

(2)选取调查对象。调查对象就是被调查的单位或个人。调查对象要根据调查课题和调查目的来选取。不同的调查课题和调查目的，要用不同的方法去选取调查对象。

(3)起草调查提纲。调查提纲就是要调查的项目内容，它是搜集资料的依据。草拟调查提纲以后，还要根据调查提纲的要求，设计必要的调查表、问卷、测验题目等。

(4)制订调查计划。调查计划一般包括下列内容：调查课题，调查的目的和任务，调查对象及范围，调查地点及时间，调查的方式方法，调查步骤及日期安排，调查的组织领导及人员分工，调查报告完成的日期。调查计划的制订要详细、周密、切合实际。

(5)调查工作的组织领导。这里所说的调查工作的组织领导，是指规模较大的教育调查组或调查团的组织领导。具体包括以下内容：

①根据调查课题的要求，选择和分配合适的调查人员。调查员要熟悉课题的有关业务知识，具有一定的独立工作能力和高度的工作责任感。

②调查组内的组织领导。领导组内的人员要统一认识、明确分工，还要有一定的纪律和制度。

③调查组以外的组织领导。主要是要争取被调查单位或个人及有关党、政领导的支持和合作。调查前应派人或写信与调查对象联系，取得他们同意。

4. 非结构式问卷与结构式问卷的主要区别在哪里？

答：非结构式问卷与结构式问卷的主要区别有：

（1）概念上的区别

①非结构型问卷，又称开放式问卷，问卷上的问题虽然是统一的，但未事先列出任何选择答案，被试可根据自己的情况自由回答。

②结构型问卷，又称封闭式问卷，问卷上的问题也是统一的，但把问题的答案事先加以限制，只允许在问卷所限制的范围内挑选答案。

（2）题型上的区别

①非结构式问卷的题型可以是填空式的，也可以是问答式的。

②结构型问卷可根据是否使用文字，划分为图画式与文字式。根据答案的不同形式还可划分为选择式、排列式和尺度式。这些题型适合于使用统计方法和进行量化处理。

（3）优缺点不同

①非结构型问卷：优点是：对问题的了解更深入，及时发现一些新的问题。如果采用集体访问，可以将所要研究的问题提出来，供集体讨论。填答者可不受任何约束地表达自己的意见，说明填答者的动机、态度、意见等，利于作深度研究使用。缺点是：因为答卷人回答自由，答案多种多样，所以整理资料比较费时费力，资料分散，难以统计，而且需要花费填答者较多的时间和精力。

②结构式问卷：优点是：有限定的答案，增强了调查对象回答的一致性；把数据列成表通常比较简明、耗时少。缺点是：可能存在限制答卷者回答广度。

四、论述题

1. 在某项研究女童辍学原因的调查中，研究者对一位母亲进行了访谈。请指出下列访谈片段中涉及的三项访谈技巧，并评价其使用情况。［统考2022年研］

访谈者：您女儿辍学，您觉得可惜吗？

母亲一脸迷茫：为什么？

访谈者：我是说，您女儿不读书了，可惜吗？

母亲：不可惜啊，丫头上三两年就够了。

访谈者：我不太同意你的观点！让她把小学读完好不好？

母亲面带怒色：那不行，丫头大了，不能念了。（气氛略显紧张，沉默）

访谈者：您看电视吗？

母亲：不看，看不懂人家在干啥。

访谈者：丫头看吗？

母亲（高兴）：看，她看得懂，还给我讲。

访谈者：那她为什么看得懂？

母亲（想了想）：嗯，念书了呗！

访谈者：看来读书有用是吧？

母亲：当然，她脑子聪明，报纸也能看，还借回书看。

访谈者：既然念书好，您要是让她继续念，将来就更有出息呢！

母亲：念书是好，但她不能念了，念了书谁做饭？

——改编自白芸《质性研究指导》

答：(1)访谈的技巧包括：

①谈话要遵循共同的标准程序，避免只凭主观印象，或谈话者和调查对象之间毫无目的、漫无边际地交谈。

②访谈前尽可能收集有关被访者的材料；要分析被访者能否提供有价值的材料；要考虑如何取得被访者的信任与合作。掌握好发问的技术，善于洞察被访者的心理变化，善于随机应变，巧妙使用直接法。

③访谈提问，要简单明白，易于回答，提问的方式、用词的选择、问题的范围要适合被访者的知识水平和习惯；谈话内容要及时记录。

④研究者要做好访谈过程中的心理调控等，形成互相信任融洽的合作关系。

⑤研究者还要注意自己的行为举止，其中关键是以诚相待，热情、谦虚、有礼貌。

此外，访谈技巧还包括：a. 提问要明确具体、通俗易懂；b. 要适当控制话题方向；c. 采用启发方式引导回答；d. 适时插问；e. 适当运用表情和动作；f. 严格按计划进行访谈，不要随意离开主题，并注意问题之间的衔接；g. 结束访谈时应表示感谢，为下次可能的访谈工作留下好的印象。

(2)材料中三项访谈技巧及其评价：

①先使用书面语“辍学”，母亲听不懂，随后更换为口语“不读书”，母亲则可以听懂；评价：此处使用了“提问要明确具体、通俗易懂”技巧。

②当“气氛略显紧张，沉默”时，改换话题：“您看电视吗?”，此处使用了“适当控制话题方向”技巧。评价：话题方向的转变引起母亲的兴趣。

③利用“看电视”一步一步引导母亲承认孩子“念书是好”，此处使用了“采用启发方式引导回答”技巧。评价：母亲说出孩子辍学原因——“念了书谁做饭?”。

2. 某初中拟推进基于自主学习的课程教学改革，需要进行文献研究，了解相关研究现状，在此基础上面向学生开展一项关于学生自主学习现状的问卷调查，为课堂教学改革提供依据。

请回答：

(1)为该调查设计一个名称。

(2)为保证调查样本在年级分布和性别分布上的代表性，该调查应采取何种抽样方法?具体抽样步骤是什么?

(3)调查者想利用国内某中文期刊全文数据进行全面文献检索，请为其确定至少 3 个检索词。

(4)为保证较高的问卷效度，在具体设计题目之前，调查者需要把调查内容分解为若干维度和指标。请从“自主学习能力”维度，为这份问卷设计三个指标。［统考 2019 年研］

答：(1)名称

××初中学生自主学习现状的问卷调查。

(2)①抽样方法

分层随机抽样。

②抽样步骤

a. 将总体按照一定标准分层：将初中生按照年级分为三层。

b. 确定总样本和各层次样本之间的比例。计算各年级占总体的比例，根据比例与所需样本数量计算出每个年级抽取样本数量。

c. 按照随机原则在各年级抽取样本。

(3)检索词

自主学习；课堂学习；初中生。

(4)三个指标

①有灵活的学习方法。

②大胆质疑。

③独自解决问题。

3. 设计关于大学生诚信问题的调查问卷。[福建师范大学2018年研]

答：该调查问卷根据诚信调查的目的和需要，对问卷进行编制。首先明确研究目的，确定调查对象；其次列出问卷调查所需研究问题的纲要，确定所要搜集的信息和问卷类型；再次对拟进行调查的问题进行编写与整理。在问卷编写过程中需注意调查问卷的基本格式与问题的范围、内容、数量、文字表达、排列顺序与问题中隐含的心理因素等。

例：

关于大学生诚信问题的调查问卷

您好！我们正在进行一项关于大学生诚信问题的调查研究。通过这个调查，了解当前大学生对于诚信问题的看法与观点。问卷不涉及真实姓名，谢谢合作！

(1)您的性别是(　　)。

A. 男　　B. 女

(2)您所在年级为(　　)。

A. 大一　　B. 大二　　C. 大三　　D. 大四

(3)您觉得当今社会诚信问题重要吗？(　　)

A. 重要　　B. 不重要　　C. 不知道　　D. 无所谓

(4)您在社会生活中是否有违背诚信原则的想法？(　　)

A. 有，经常性的想法　　B. 有，但很少

C. 有，但阻止这种想法　　D. 从没有

(5)大学对你的诚信意识有什么改变吗？(　　)

A. 提高了　　B. 降低了　　C. 没改变

(6)面对不诚信的现象时您的态度是(　　)？

A. 事不关己，高高挂起　　B. 见怪不怪，不去在意

C. 严正指出，批评教育　　D. 内心不满，希望别人制止

(7)您认为学校有无必要建立学生信用档案？(　　)

A. 很有必要　　B. 完全不必　　C. 可有可无

(8)您认为现在大学生缺乏诚信的主要原因是什么？(可多选)(　　)

A. 社会大环境的影响　　B. 家庭诚信教育缺失

C. 学校没有关于廉洁诚信方面的教育　　D. 自身意志力不强

(9)你认为学校方面在诚信问题上应该怎么做？(可多选)(　　)

A. 老师起模范带头作用，要求学生做到的老师同样做到

B. 加强诚信惩罚措施

C. 组织诚信教育方面的活动且多元化

D. 营造一个良好的诚信环境

E. 无所谓，学校只是一个摆设

(10)您对当前大学生树立诚信观念有何建议？

答：______

请检查您的问卷是否有遗漏，感谢您的配合与合作！

4. 阅读以下材料并按要求回答问题：

课堂奖励(如口头表扬、奖励小红花、奖励学习用品、奖励小食品等)是小学课堂常用的教学管理方式之一，它可以及时强化学生的学习动机，提高学生课堂学习的积极性，但不适当的课堂奖励也会带来一些负面影响，如学生过度依赖外部动机，忽视或弱化内部动机，不利于学生兴趣的培养等。针对这些问题，某小学教导主任张丹打算以“如何规避小学课堂奖励的负效应”为题申报市级教育规划课题。他计划在本校选择一年级一班作为研究对象，对该班的课堂教学进行为期一个月的录像。然后反复观看录像，用以下观察记录表进行整理分析，以把握该校课堂奖励现状及其负效应的具体表现，并通过与该班任课教师和学生的深度访谈，概括提出若干规避策略。

表　小学课堂奖励观察记录

班级：　　　日期：　　　节次：　　　课程：　　　任课教师：

奖励次序	奖励时间	奖励对象	奖励种类	奖励原因	正效应	负效应

请回答：

(1)该研究的课题名称在表述方式上存在什么问题？如何改正？

(2)该研究在样本设计上存在什么问题？如何改正？

(3)根据观察内容是否有预设项目与要求，指出该研究属于哪种类型的观察研究。

(4)该研究采用的是哪种观察记录法？

(5)如果张主任想进一步就这一问题开展行动研究，应如何设计？(说明研究主体和研究对象，并按照“凯米斯程序”为他具体设计研究程序。)［统考2017年研］

答：(1)①该研究的课题名称——如何规避小学课堂奖励的负效应——在表述方式上存在的问题有：

a. 问题表述运用了疑问句。

b. 问题表述显示可操作性、可检验性不强。

c. 问题表述涉及的变量之间的关系不明确。

②改正方法：

a. 题目中不要用疑问句形式，作为课题题目必须要用陈述句加以描述。

b. 明确显示可操作或测量的变量。

c. 研究的范围、对象、内容要具体，不能太笼统模糊，使用意义明确的概念，避免产生歧义。

因此，该研究课题“如何规避小学课堂奖励的负效应”可改为“××小学课堂奖励问题现状及对策的调查研究”。

(2)①该研究在样本设计上存在的问题：

a. 该研究的样本选择不具随机性，而是为了取样的方便性在本校选择了一年级一班，属于非概率抽样，得出的结果不具代表性。

b. 该研究的样本容量过少，作为调查性质的研究，一般样本数量不能少于100人。

②改正方法：

采用随机抽样。例如：采用整群随机抽样法，首先把某小学的所有班级编号，然后按照抽签法随机抽取4~5个班级进行研究。

(3)这种观察属于自然情景中的观察、结构式观察、非参与观察、间接观察。

(4)结合材料表述，记录表格表明了要观察的班级，要观察的项目和内容，所以属于取样记录法，包括时间取样和事件取样。

(5)①行动研究是指在自然、真实的教育环境中，教育实践工作者按照一定的操作程序，综合运用多种研究方法和技术，以解决教育实际问题为首要目标的一种研究模式。

②研究主体和研究对象：

a. 研究主体：某小学的所有学生。

b. 研究对象：课堂奖励的实际效果。

③“凯米斯程序”是经过凯米斯、艾洛特等人的概括，由凯米斯提出的行动研究设计程序。其过程是：计划、行动、观察和反思。

a. 计划阶段：

在计划阶段主要完成：明确问题、分析问题、制定计划。

第一，通过观察、访谈了解本年级课堂提问所存在的问题，通过各科授课教师以及教研顾问共同开会讨论，确定最终的研究问题，如课堂奖励现状及负效应问题。

第二，确定研究主体和研究对象。

第三，确定参与本次研究小组的成员，比如某些班级各科授课教师。

第四，确定研究问题所要举行的会议内容及次数，然后设计行动研究进度表，并说明收集资料的方式等。

b. 行动阶段：

把计划付诸行动是行动研究的核心步骤。在行动研究中有如下要求：

第一，教师应当尽量严格地按照原定的计划进行实践。

第二，教师也应该充分考虑到现实因素的变化，能够保证行动研究的计划在实施过程中具有适当的弹性，可以根据实际情况进行必要的调整。

c. 观察阶段：

对行动情况进行观察和记录，收集有关资料，以便及时地对计划实施情况有一个大致的了解，并最终对本研究过程做出比较全面、深刻的分析。

d. 反思阶段：

反思在行动研究中既是一个螺旋圈的终结，又是过渡到另一个螺旋圈的中介。通过整理、评价和解释工作，针对行动过程和结果不一致的症结，形成是否需要修正基本设想、总体计划和下一步行动的判断与构想，提出怎样修正，怎样实施下一步行动的建议。

5. 某研究者拟采用问卷调查和访谈调查两种方法对大学生的创业意向进行调查。

(1)试述两种方法的优缺点。

(2)调查中如何综合使用这两种方法。［统考 2015 年研］

答：(1)问卷调查和访谈调查的优缺点

①问卷调查

问卷调查是以书面提出问题的方式搜集资料的一种研究方法。研究者将所要研究的问题编制成问题表格，以邮寄方式、当面作答或追踪访问方式填答，从而了解被试对某一现象或问题的看法和意见，所以又称问题表格法。

a. 优点：方便实用，省时，花钱少；由于可以不署名，在某种情况下结论比较客观；能搜集大样本信息资料，收效大；便于整理归类，能做量的统计处理，使调查结果具有一定代表性。

b. 缺点：如果问卷中的问题不明确或题量过大，或被调查者不合作都会影响结论的代表性；应用范围较广，搜集的资料往往是表面的，还不能深入了解深层次的内心世界真实情况；若部分调查对象不做回答，难以知道不回答的原因，也会影响问卷的效度。问卷法的运用，关键在于编制问卷，选择被试和结果分析。

②访谈调查

访谈调查是以口头形式，根据被询问者的答复搜集客观的、不带偏见的事实材料，以准确地说明样本所要代表的总体的一种方式。

a. 优点：非常容易和方便可行，引导深入交谈可获得可靠有效的资料；团体访谈，不仅节省时间，而且与会者可放松心情，作较周密的思考后回答问题，相互启发影响，有利于促进问题的深入。

b. 缺点：样本小，需要较多的人力、物力和时间，应用上受到一定限制。另外，无法控制被试受主试的种种影响(如角色特点、表情态度、交往方式等)。所以访谈法一般在调查对象较少的情况下采用，且常与问卷法、测验等结合使用。

(2)综合利用两种调查方法

在实际调查中可以将访谈法作为问卷法的补充方法，综合运用两者的优缺点。首先运用问卷法的优点进行大规模的调查，但当问及一些态度题目时，在问卷中不能很好地体现出来，这个时候可以采用访谈法，更加深入的获得更可靠的资料，以克服问卷法的不足。所以在做调查时，两者的综合使用可以克服对方的优缺点，提高研究的效度。

6. 一个课题组探究“本科生课堂参与”，用到的研究方法有文献分析法、问卷法、观察法、数据分析法，试分析各种研究法有何优劣，然后写一个可操作的研究方法。［北京师范

大学 2013 年研]

答：(1)研究方法

①问卷法

问卷法是通过制定详细周密的问卷，要求被调查者据此进行回答以收集资料的方法。

a. 优点：方便实用，省时省钱；匿名与客观性强；范围广，适合大样本；标准化程度高，容易量化，便于整理归类以及统计处理。

b. 缺点：缺乏调查者的主动性；调查不深入，无法观察被试在回答问题时的反应；不作答的问题会影响试卷的效度；调查结果取决于被调查者的合作态度和实事求是的科学精神；问卷法的运用关键在于编制问卷、选择被试和结果分析；灵活性差，无法随时调整题目。

②文献分析法

文献分析法是指搜集、鉴别、整理文献，并通过对文献的研究，形成对事实的科学认识的方法。

a. 优点：经济有效，能够系统地收集信息。

b. 缺点：不与文献中记载的人与事直接接触，是非接触性研究方法，信息的真实有效性、全面性无法保证。

③数据分析法

数据分析法是指用适当的统计分析方法对收集来的大量数据进行分析，提取有用信息并对数据加以详细研究和概括总结的过程。

a. 优点：能够对大数据进行量化分析，省时省力。

b. 缺点：容易忽略客观因素，易出现机械化倾向。

④观察法

观察法是指通过感官或辅助仪器，有目的有计划地对自然状态下发生的现象或行为进行系统、连续地考察、记录、分析，从而获取事实材料的研究方法。

a. 优点：简便易行，无需特殊条件、设备；能够现场观察记录；准确性高，不会妨碍正常教学秩序；能够得到不能直接报告的材料；不约束研究对象；具有隐蔽性，能观察到自然行为；避免研究者的偏见。

b. 缺点：只能判断是什么，不能判断为什么；不适合大样本；缺乏行为控制，观察项目归类推论性太多，影响实验信度；取样小，观察的资料不易系统化，外部效度低；主观性强，观察范围受限。

(2)可操作性的研究方法。

以观察法为例：在观察之前，确定要观察的现象与行为，如参与互动、记录笔记等积极行为，玩手机、迟到早退等消极行为；然后，按照这一计划，在不打乱课堂的隐蔽状态下进行观察与记录；最后，对于记录进行分析，得出“本科生课堂参与”相关的研究结果。

7．试述观察法在教育研究中的作用与局限。

答：(1)观察法在教育研究中的作用

作为一种最基本的科研方法，观察法贯穿在教育科学研究的全过程，在研究中起着十分重要的作用。

①观察是发现问题、提出问题的前提。在教育科学领域中尚有许多有待研究的新问题，需要研究者善于洞察，捕捉和思考，从而透过现象，发现问题，提出新问题。

②观察是产生、提出理论假设的途径。假设的建立必须建立在一定的事实材料的基础上，或者从某一个已知的科学理论推测出来的，是以真实材料为基础，通过科学的观察、实验测定来证明的。

③观察是帮助研究者了解被试个体差异的有效方法。教育科学研究面对的是各不相同的被试个体，他们的个性千差万别，为了使研究顺利进行，必须要了解被试的个体差异。

④观察是弥补其他科研方法不足的有效手段。有一些特殊问题使用观察法更为合适。如要研究问题儿童的心理特点，用观察法有目的、有计划地将这些儿童进行个案追踪记录，就可以观测到许多真实的行为现象，然后将收集到的资料进行分析，从而探索出问题儿童的心理特点，为教育这些儿童提供心理依据。

⑤观察是教育评价的有效方式。在教育中，如何评价教师与学生的关系，评价一种教育方法是否有效，评价教师的一些教育措施是否得当，等等，都可以通过实地观察获得。

(2)观察法的局限

观察研究方法的本质同时也规定了它的局限性。由于观察是在自然条件下进行，必然会受到错综复杂的各种各样偶发因素的干扰；由于研究者在观察时原则上一般不能支配和控制研究对象及其发展过程，从而带来了如下几方面的局限：

①只能说明“有什么”和“是什么”问题，而不能判断“为什么”这类因果关系的问题。

②由于观察时间和观察情境的限制，在研究对象人数多且分散的情况下应用较困难。

③由于教育现象的复杂且处于不断变化之中，观察项目归类推论性太多，会影响研究的信度。

④易受观察者主观因素影响。由于每个人的知识经验和成长背景不同，不同的观察者对待观察的对象、行为和事件会有一定的主观态度或看法。

⑤观察结果的代表性不高。观察研究往往取样小，观察的资料琐碎不易系统化，普遍性的程度不高。因此，在使用观察法时，一方面要使观察法与其他研究法结合使用，另一方面需要研究者有科学的态度和掌握方法的使用要领。

总之，看到以上这些观察法的作用及其局限性，一方面我们要在掌握其特性的基础上，要将观察法与其他研究方法结合使用；另一方面，要充分运用好它的基本作用，同时说明要真正科学地使用观察法进行教育研究，需要研究者有科学的态度和掌握方法的使用要领。

第10章　教育科学的比较研究法

10.1　复习笔记

【知识框架(庖丁解牛)】

教育科学的比较研究法
- 教育比较研究法的基本认识
- 教育比较研究方法的种类
- 教育比较研究的方法要求

【复习向导(切中肯綮)】

本章主要介绍了教育科学比较研究法的基本概念、历史发展、作用和分类等，并结合实际提出了在使用比较研究法时的基本要求。对于本章的内容，学习者除了要掌握教育科学比较研究法的基本知识，还要能够在实际的研究过程中初步学会使用本方法。

【考点归纳(游刃有余)】

考点一、教育比较研究法的基本认识

表10-1　教育比较研究法的基本认识

要点		具体内容
概述	定义	教育比较研究法是根据一定的标准，对某类教育现象在不同情况下的不同表现，进行对比分析，找出教育的普遍规律及其特殊本质，力求得出符合客观实际结论的方法
	必备条件	①必须存在两种以上事物。 ②这些事物必须有共同的基础。 ③这些事物必须有不同的特性
	要求	①要把所比较的问题放到一定的范围之内，不能乱比。 ②比较研究法是和观察、分析、综合等活动交织在一起的，是一种复杂的智力劳动。 ③把比较对象的材料，按可能比较的形式排列起来，比较的概念要明确化，比较的数据要精确化
作用		①比较研究法可以克服教育研究过程中的狭隘性，把所研究的个别事物，纳入广阔的背景之中，从而更好地揭示教育的普遍规律。 ②比较研究法可以帮助人们获得新的发明、发现。 ③比较研究法能促使人们进一步认识本国、本地的教育状况和特点
局限		①比较研究法有一定的应用范围。因为比较是有条件的，超出了这个范围，就可能无法进行比较。 ②任何比较只是拿所比较的事物或概念的一个方面或几方面来相比，而暂时地和有条件地撇开其他方面。因此，从比较得出的结论，只是相对而言的

考点二、教育比较研究方法的种类

表 10－2　教育比较研究方法的种类

要点	具体内容
根据事物之间存在的差异性和同一性划分	①同类比较研究：比较两种或两种以上同类事物而认识异同点的方法。同类相同点比较，可以找到事物发生发展的共同规律与特殊性。 ②异类比较研究：通过比较表面相异的两类对象以发现异中之同，找出其中的共同规律，有利于鉴别和分析
根据比较对象历史发展和相互联系划分	①纵向比较研究：比较同一事物在不同时期内的发展变化，强调从事物的发展变化过程来研究教育发展变化的规律，是以动态观点来研究现状。 ②横向比较研究：对同时存在的教育现象进行比较，按空间结构的横断面展开的，强调从事物的相对静止状态中研究事物的异同
根据所有事物都是质和量的统一划分	①定性分析比较：通过事物间本质属性的比较来确定事物的性质。 ②定量分析比较：对事物属性进行量的分析以判断事物的发展变化

考点三、教育比较研究的方法要求

表 10－3　教育比较研究的方法要求

要点	具体内容
开展步骤	①明确比较的目的，选定比较主题：根据研究课题确定比较的内容，限定比较的范围；按比较主题统一比较标准。 ②广泛搜集、整理资料：通过查阅文献、调查、实验等多种方法，尽可能客观地搜集有关资料。 ③对材料的比较分析：从初步分析到深入分析，要对搜集的资料进行解释、分析和评价。 ④做出比较结论：最后要通过理论与实践论证所得的结论
基本要求	①确保事物之间的可比性。比较的标准要统一；比较的范围、项目要一致；比较的客观条件要相同。 ②注意比较的广泛性。客观事物的条件是多种多样的，有的是主要的、决定事物性质的；有的是次要的，不决定事物性质的；同时，任何事物也不是孤立存在，而是和其他事物密切联系的。因此，比较要从多方面进行。 ③资料的准确性和可靠性：需要研究者对国内外教育有较为深刻的认识和了解，具有较扎实的教育理论基础以及掌握相应的工具和方法。 ④不仅要比较事物的现象，更重要的是要比较事物的本质。透过现象分析原因，从共性中揭示矛盾的普遍性，从差异中阐明矛盾的特殊性，需要做到： a. 通过大量的、典型的材料分析其内在关系。 b. 联系历史，要尽可能从多方面探讨。 ⑤必须正确估计比较法的作用，把比较法与其他研究方法结合起来

10.2　典型题(含考研真题)详解

一、单项选择题

1. 关于比较研究的本质的描述，正确的是(　　)。

A．比较研究是从事物的相互联系和差异的比较中选择更加科学可取的对象，从而探索规律

B．比较研究仅是一种收集信息资料的手段

C．比较研究是对教育现象在相同环境下的不同表现进行比较，以得出符合客观实际的结论

D．比较研究是从事物的相互联系和差异的比较中观察事物、认识事物，从而探索规律

【答案】D

【解析】比较研究的本质在于：从事物的相互联系和差异的比较中观察事物、认识事物，从而探索规律。比较，也是一种认识。教育科学的比较研究是对某类教育现象在不同时期、不同地点、不同情况下的不同表现进行比较分析，以揭示教育的普遍规律及其特殊表现，从而得出符合客观实际的结论。

2．英国学者认为教育比较研究方法分为(　　)。

A．经验范例法、历史和解释法　　B．同类比较研究、异类比较研究

C．纵向比较研究、横向比较研究　　D．定性分析比较、定量分析比较

【答案】A

【解析】英国学者把它归纳为经验范例法、历史和解释法；我国学者们一般将教育比较研究法分为以下三类：根据事物之间存在差异性和同一性分为同类比较研究与异类比较研究；根据比较对象历史发展和相互联系分为纵向比较研究、横向比较研究；根据所有事物都是质和量的统一的观点可以分为定性分析比较与定量分析比较。

3．根据比较对象历史发展和相互联系关系分为(　　)。

A．经验范例法、历史和解释法　　B．纵向比较研究、横向比较研究

C．定性分析比较、定量分析比较　　D．同类比较研究、异类比较研究

【答案】B

【解析】教育比较研究方法可以根据比较对象的历史发展和相互联系分为纵向比较研究、横向比较研究。

4．下面关于运用比较研究法的基本要求的描述，错误的是(　　)。

A．保证可比性　　B．资料的准确性和可靠性

C．保证资料的主观和客观的一致　　D．坚持全面本质的比较

【答案】C

【解析】运用比较研究法的基本要求为：①要保证可比性，是指比较对象之间的现实性必须属于同一范畴，有一定的内在联系，并能用同一个标准去衡量和评价。②资料的准确性和可靠性，用于比较研究的资料必须是真实可靠的，具有客观性；能反映普遍情况，具有代表性；能反映研究对象的本质，具有典型性。③坚持全面本质的比较，科学的比较，不能限于罗列一些表面的异同现象，也不能抓了细枝末节而忽视了本质的东西，而是需要理性思维。

5．要保证可比性不需要保证(　　)。

A. 比较的标准统一　　B. 比较的主观条件一致
C. 比较的范围、项目一致　　D. 比较的客观条件相同

【答案】B

【解析】可比性是指比较对象之间的现实性必须属于同一范畴，有一定的内在联系，并能用同一个标准去衡量和评价。保证可比性必须做到：①比较的标准要统一；②比较的范围、项目要一致；③比较的客观条件要相同。

二、简答题

1. 比较研究在教育科学发展中的作用。［西南大学 2014 年研］

答：作为一种一般方法广泛应用于教育研究各个领域的比较研究，其主要作用如下：

(1) 比较研究法和历史研究法结合，帮助我们从现实问题入手，追溯事物发展的历史渊源并研究事物发展的过程和规律。如果说自然科学研究中运用历史比较方法曾导致 19 世纪地质渐变论和生物进化论的创立，给地质学和生物学带来了划时代的变革，那么在社会科学、教育科学研究中同样具有重要意义。

在关于教学原则、课堂教学组织形式、教学模式等研究中，通过不同历史发展时期的比较，分析其哲学理论基础、基本观点、基本方法的异同，深化对该问题的研究，从而把握其发展的特质。中国教育在漫长的几千年的历程中积累了丰富的经验，通过中外教育历史的比较研究，可以更深刻地揭示本国的教育传统特点及东西方相互交融、渗透的关系。

(2) 运用比较方法，分析教育发展过程中的本质联系，有利于深化教育科学理论的研究

揭示教育发展的本质联系是进行教育科学研究的最终目的，而比较研究提供了一种有效的方式。通过比较研究，将个别事物属性纳入广阔的背景，能激发思维，从而产生新的发现并深化认识。通过比较研究，对教育现象进行定性的鉴别和定量的分析，鉴定事物的差别和量的比例关系，从而准确地把握事物的多种属性，更好地认识本国、本地区的教育发展状况和特点。

(3) 通过对教育现象问题的比较研究，为制定正确的教育政策提供科学依据

教育的发展是一个复杂的系统工程，涉及诸多因素。我们要使决策科学、合理，就要对某一方面的问题有客观和全面的认识。这就需要将这一问题与其他相同事物加以比较，通过比较找出事物的本质属性和非本质属性，找出问题的症结所在，使决策有的放矢，建立在科学依据基础上。因此，从宏观的国家教育决策到微观的教育教学方法的改革，无不渗透着比较研究，也无不需要比较研究。

综合以上对于比较研究在教育科学发展中的作用可以看出，我们不能把比较研究方法孤立化、绝对化，而要与其他方法相结合。比较研究作为一种思维方法，贯穿在教育研究的全过程。通过比较研究，有助于选定有重要价值的研究课题；通过比较分析，有助于在搜集文献资料的过程中对所需要的材料做定性鉴别以及发现一些不易察觉的信息；通过比较分析，有助于对教育调查和教育实验的结果进行检验。

2. 简述运用比较研究法的基本步骤。

答：与其他研究方法一样，比较研究法同样存在一个基本的实施程序。各国学者对此发表了不同见解。

(1)德国的希克尔和美国乔治·贝雷迪提出，比较研究区分为纪实、解释、并列、比较四个阶段：

①纪实——收集整理有关研究对象的资料，客观地描述事实。

②解释——多元地解释所描述的事实的含义。

③并列——将判明了的事实加以整理、并列，揭示其异同，提出比较分析所必需的假说，做出结论。

④比较——通过比较研究，验证所提出的假说，做出结论。

(2)综合各家对于比较研究法步骤的描述，可以看出，运用比较研究，基本步骤是：

①明确比较的目的，选定比较主题。这是进行比较研究的前提。其基本含义是：a. 根据研究课题确定比较的内容，限定比较的范围，从而使比较目标明确而集中；b. 按比较主题统一比较标准。比较标准既有可比性又有稳定性，这是比较的依据和基础。

②广泛搜集、整理资料。通过查阅文献、调查、实验等多种方法，尽可能客观地搜集所要研究的教育现象的有关资料。

③对材料的比较分析。这是比较研究的重要环节，从初步分析到深入分析，要对搜集的资料进行解释、分析和评价。分析时要注意事物间的因果性和全面性。

④做出比较结论。最后所得的结论要经过理论论证和实践验证。

3. 比较法有哪些种类？各有何特点？

答：比较法的种类很多，这是由于事物性质和事物之间关系的多样性所决定的。比较法的种类及特点具体分析如下：

(1)纵向比较

纵向比较是对同一事物的历史形态进行比较。这类比较不仅从相对稳定状态来研究事物，而且还从发展变化状态来研究事物。纵向比较不仅适用于一个国家或一个地区，而且也适用于个人。

(2)横向比较

横向比较是对同时并存的事物进行比较。在教育实验中通常采用实验组与对照组相比较的方法。这种比较，就属于横向比较。横向比较能使我们从国内和国外、本省和外省、此地和彼地的对比中，找出差距，看到不足，从而奋起直追，迎头赶上。

(3)同类比较

同类比较就是对两个或两类性质相同的事物所具有的特征加以比较，在比较中寻找事物的共同点。同类比较的结论带有或然性，因为根据同类比较而进行的推理是由一个对象的已知属性推到另一个对象的未知属性，结论是否正确尚待实践检验。但是，它能够使人触类旁通，由此及彼，将一类事物中所发现的原则或方法，通过同类比较应用到其他事物的研究中去，成为解决新问题的关键方法。

(4)相异比较

相异比较是对两个或两类性质相反的事物或一个事物的正反两方面加以比较。就其思维过程来说，与同类比较相同，也是从个别到个别的推理。但是，它说明的不是两个事物的相同点，而是两个事物的不同点。相异比较的特点是结果鲜明，是非清楚，有利于鉴别，便于分析。

(5)定性比较

定性比较就是对两类事物所具有的属性、本质进行比较，从而确定事物的性质。做工作、搞研究，要通过定性比较划清各种事物的质的界限。定性比较的方法，有利于区别事物、认识事物。因而，在教育科学研究中常常采用这种方法。

(6)定量比较

事物不仅有质的方面，而且有量的方面。在认识事物质的基础上，还必须把握它的量的方面。定量比较，就是对事物的属性进行数量上的分析，从而准确地判定事物的变化。从事教育工作，一定要重视数据，重视定量比较。无论是制定教育事业发展规划，还是从事一项教育实验，都要进行定量比较，提倡用数据说话。没有量的观念，缺乏基本的数量比较，就不能正确地认识和把握事物。

三、论述题

举例说明教育比较研究的历史发展。

答：比较研究是从事物的相互联系和差异的比较中观察事物、认识事物，从而探索规律。

比较研究早在纪元前就得到了应用。公元前4世纪，亚里士多德曾对158个城邦政制(宪法)进行了比较研究，写出了著名的《雅典政制》一书。但比较研究作为教育研究的一种重要方法是在19世纪以后。

(1)据国外学者的考察，一般认为教育比较研究法的发展可分为以下几个阶段：

①“旅游者的传说”

希腊、罗马以及后来的马可·波罗，以直接观察者的立场，将所见到的国外统治者对年轻一代教育的情况所做的“口头描述”。

②记实研究阶段

a. 19世纪，研究者通过实地考察访问，搜集不同国家的教育制度和教授法资料并作简单类比，以为借鉴。如英国的马瑟·阿诺德，对欧洲各国考察后撰写《欧洲大陆的学校和大学》的考察报告；还有美国的亨利·巴纳德、法国的维克托·库森，他们借鉴外国先进教育观点，研究外国的教育制度，并为本国所用。

b. 这是一种带有功利与实用目的的教育借鉴活动，还不能解释现象的种种内在原因。

③分析研究阶段

a. 20世纪的前60年期间，受社会学发展的影响，一批学者逐渐采用了分析教育现象因素的方法，用理性推断法努力探究影响各国教育体制差异的根本原因，特别是对社会与教育之间关系的深刻分析，代表人物是美国的阿萨克·康德尔。他采用分析法，根据搜集到的各国情报，在客观描述的基础上进行历史的、功能性分析，分析特定教育现象形成和发展的各种相关因素。他认为，制约各国教育的一大因素是民族主义和国民特性；他还预测，世界上几乎所有国家将会在教育目的和课程上趋于接近，只是各国用于解决教育课题的方法和手段依存于本国的传统和文化罢了。

b. 由于过分强调析因比较分析而陷入割裂的非此即彼的形式主义误区，单独抽取因素而整体受到肢解，导致不能真正把握事物的本质属性。

④多样、综合的系统比较研究方法阶段

1960年代以后，比较研究努力寻求更科学、更精密的方法，综合运用社会科学的、自然科学的各种研究手段，深入剖析了处于变革中的教育结构，从而进一步厘清各种因素在教育发展中所起到的作用。

(2)当今，比较研究方法面临的挑战表现在：

①要求改变过去那种将单一国家或个体作为唯一研究对象的框架，更强调区域性大型研究。

②强调以群体为研究对象，要求改变过去那种线性单向的输入或输出的二元比较研究格局和简单的归因分析，更强调在复杂的社会背景中进行全方位、多层次的比较分析，要求跨文化多学科的参与。

③要求改变过去那种对量化方法的盲目迷信。更关注实际的生动丰富的教育实践和过程的定性研究，同时注意定量分析。而新的研究热点的出现，逐步改变了研究的方向，比较研究方法必须现代化、科学化。

第 11 章　教育科学的实验研究法

11.1　复习笔记

【知识框架（庖丁解牛）】

- 教育科学的实验研究法
  - 教育实验研究法概述
    - 教育实验研究法的定义、本质及历史发展
    - 教育实验研究法的性质和基本特点
    - 教育实验研究法的基本类型
    - 实验研究在教育科学发展中的主要功能及局限
    - 教育实验研究法的一般程序
  - 教育实验的设计
    - 教育实验设计概述
    - 教育实验设计的效度
    - 教育实验设计的一般步骤
    - 教育实验分组设计的基本类型
  - 教育实验科学水平的评价
    - 教育实验课题的效益性
    - 教育实验假设的科学性
    - 教育实验设计、程序与方法的合理性

【复习向导（切中肯綮）】

实验方法是开展教育研究的一种重要方法，是提高教育研究科学化水平的重要途径。学习本章的内容，学习者应在掌握教育实验研究方法的基本概念、特点等的基础上，重点掌握教育实验设计的基本类型以及每一种类型的特点和操作程序。另外，还要了解如何分析评价一个教育实验及实验研究报告。

【考点归纳（游刃有余）】

考点一、教育实验研究法概述

1. 教育实验研究法的定义、本质及历史发展

表 11－1　教育实验研究法的定义、本质及历史发展

要点	具体内容
定义	教育实验研究法是研究者按照研究目的，合理地控制或创设一定条件，人为地变革研究对象，从而验证假设，探讨教育现象因果关系的方法
本质	教育实验本质上是一种研究情境，在此情境中至少涉及一个自变量，即实验变量，它受到研究者的精心处理或控制

续表

要点	具体内容	
历史发展	教育实验研究方法的形成	教育实验研究法的两条基本线索： ①借鉴、模仿自然科学实验。 ②从一般教育活动的本身分化发展而形成
		教育实验研究法的基本模式、本质与中心点： ①通过两条基本线索的历史发展，形成了两种教育实验的基本模式：一种是模仿自然科学；另一种是选择教育自然环境。 ②教育实验的本质特征是为了探索教育现象和青少年儿童发展的内在的因果关系。 ③近百年来教育实验研究方法变革的中心点是探索科学的教育实验具体表现形式
	当代教育实验研究方法	当代教育实验研究方法发展的基本特点和趋势： ①日益重视哲学方法论对教育实验的理论指导。 ②重视研究教育理论与实践问题。 ③教育实验类型的多样性、丰富性。 ④教育实验技术手段的变革
		当代教育实验研究对教育科学工作者的要求： ①掌握实验研究方法的实质及基本特点。 ②理解实验研究方法中的关键性概念。 ③了解教育实验设计的基本类型以及每一种类型的基本特点和操作程序。 ④了解如何分析一个教育实验及实验研究报告，提高教育实验科学水平

2. 教育实验研究法的性质和基本特点

表 11－2　教育实验研究法的性质和基本特点

要点	具体内容
性质	①教育实验必须揭示变量间的因果关系。 ②要主动变革研究对象，即要使研究对象接受不同的实验处理。 ③实验研究必须控制条件
基本特点	①与自然科学实验的相同特点： a. 对因果关系进行探讨。 b. 对自变量进行实验处理。 c. 合理控制无关变量。 ②与自然科学实验的不同特点： a. 在实验研究的对象上：教育实验具有很强的社会性；是一种充满了情感、有明确目的和价值观的积极活动；教育现象有模糊性。 b. 在实验的物质手段上：教育实验主要是在教育和教学的自然环境状态中进行。 c. 在研究方法上：教育实验更强调定量研究与定性研究相结合

3. 教育实验研究法的基本类型

表 11－3　教育实验研究法的基本类型

要点	具体内容
对教育实验类型的一般划分	①按实验假设命题“若 A 则 B”的构成，可分为：因素型实验、反应型实验和函数型实验。 ②按实验研究对象的质或量，可分为：定性实验与定量实验、对照实验和模拟实验。 ③按实验研究的目的，可分为：试探性实验、探索性实验、验证性实验。 ④按实验研究范围，可分为：单科单项教改实验、多科性教材或教法改革实验、综合实验、整体改革实验、常态与超常实验。 ⑤按自变量因素的多少，可分为：单因素实验和多因素实验。 ⑥按实验的组织形式，可分为：单组、等组和轮组实验。 ⑦按实验进行的场所，可分为：自然实验和实验室实验。 ⑧按实验控制程度，可分为：前实验、真实验和准实验
对我国教育实验类型及水平的理论构想	①按教育实验研究的内容，可分为：教育体制改革的实验、课程内容与结构的改革实验、教育教学模式与教法实验和儿童、青少年发展的实验。 ②按教育实验的目的功能，可分为：确认性实验、探索性实验和推广、验证性实验。 ③按教育实验的基本方法，可分为：仿效自然科学方法和人文科学的方法

4. 实验研究在教育科学发展中的主要功能及局限

表 11－4　实验研究在教育科学发展中的主要功能及局限

要点	具体内容
主要功能	①教育实验能为发现和揭示新的教育特点和规律提供必要基础。 ②教育实验能检验现有教育理论的科学性，先进性，进而改进教育教学内容与方法。 ③教育实验能对引进的教育理论进行检验、变通、改造与发展。 ④教育实验能为新的科学理论假设应用于实践而寻求可操作的程序。 ⑤教育实验能节省人力、物力和财力
局限	①变量操纵的局限性：教育活动涉及许多复杂的因素，而且这些复杂的因素又处于不断的变化之中。实验需要严格控制条件，简化或者“纯化”实验研究环境，这会有利于实验检验假说，却不利于在更广范围内检验和推广，因为环境越被控制，它就有可能越远离真实的教育实际。 ②测量手段的局限性：现有的测量手段还不能十分正确恰当的测量教育情境下的复杂行为，对实验结果的分析也必然受到条件限制。 ③研究者价值观、态度、认识等主观因素的局限性：研究者的主观因素会影响观察和收集资料的方向，特别是研究者的价值判断会对实验的客观性产生积极的或消极的作用和影响。 ④样本不足和选择误差的局限性：从统计分析和实验推广的角度看，教育实验往往只能选择非常有限的样本进行研究，因而，难以代表全体或其他群体，这就势必会带来样本不足、缺乏足够令人信服的代表性的缺陷。如果扩大样本，则又会带来更大的控制难度，因此会影响实验的效果

5. 教育实验研究法的一般程序

表 11－5　教育实验研究法的一般程序

要点	具体内容
准备阶段	①选定实验研究的课题形成研究假说。 ②明确实验目的，确定指导实验的理论框架。

续表

要点	具体内容
准备阶段	③确定实验的自变量。 ④选择适合的测量工具并决定采用的统计方法。 ⑤选择实验设计类型，确定控制无关因素的措施
实施阶段	采取一定的变革措施，观测由此而产生的效应，并记录实验所获得的资料、数据等
总结评价阶段	要对实验中取得的资料数据进行处理分析，确定误差的范围，从而对研究假设进行检验，最后得出科学结论
分析阶段	在实验研究结果分析的基础上，写出实验报告
再实验阶段	进行重复实验或扩大实验

考点二、教育实验的设计

1. 教育实验设计概述

表 11－6　教育实验设计概述

要点	具体内容
定义	①广义而言，教育实验设计是为指导教育实验而预先策划的计划。 ②狭义而言，教育实验设计是确定、安排在教育实验中建立某些变量所用的结构
考虑的方面	考虑如何在一个实验中构造、安排自变量及呈现方式、因变量的指标及测定方法、控制无关变量的具体措施、确定取样大小及方法、安排实验的具体步骤及选择适当的统计方法

2. 教育实验设计的效度

表 11－7　教育实验设计的效度

要点		具体内容
定义		教育实验设计的效度是指一项实验所能揭示的教育本质规律的准确性和有效性的程度，是实验的结果对实验对象解释的充足程度
分类	内在效度	①定义：内在效度是指实验者所操纵的实验变量对因变量所造成的影响的真正程度。实验内在效度高低，取决于对无关变量控制的程度。 ②影响因素：坎贝尔和斯坦利认为影响内在效度的因素有历史、成熟、测验、工具、统计回归、被试选择、被试的缺失、选择和成熟的交互作用等八种
	外在效度	①定义：外在效度是指实验结果的概括性和代表性，即实验结果是否可推论到实验对象以外的其他受试者或实验情境以外的其他情境。一个实验越能实现这个目的，就表示该实验越有良好的外在效度。 ②分类： a. 总体效度，是指实验结果从特定的研究样本推广到更大的被试群体中去的适用范围。 b. 生态效度，是指实验结果从研究者创设的实验情境推广到其他教育情境中去的适用范围。 ③影响因素：坎贝尔和斯坦利认为影响外在效度的因素有选择与实验处理的交互作用效应、测验与处理的交互作用效应、实验安排的效应、多重处理的干扰等。 ④提高外在效度的根本措施：使被试取样具有代表性，使实验情境与教育教学环境尽量接近

续表

要点	具体内容
提高效度的主要措施	①使用设计组加以平衡。 ②用随机、匹配，或让被试兼作自己的控制组以控制被试变量。 ③设计控制，使被试变量在实验中产生的影响通过设计抵消。 ④统计处理控制

3. 教育实验设计的一般步骤

(1)陈述研究问题并提出研究假设

要以简明扼要的文字说明研究的问题及研究假设。

(2)确定实验处理

处理即教育实验中所要操纵的自变量的变化，一个实验起码有两种以上的不同处理。

(3)列举群体、样本、实验单位、抽样方法及样本大小

群体是指样本的总体，实验单位必须独立接受实验处理并做出反应。

(4)选择因变量及测量手段

①要确定所选择的反应变量是能够提供有关研究问题的信息的。

②要决定怎样进行测定，如何选用适当的测量方法、度量单位及必要的技术手段。

③要考虑测量数值的可能准确度

(5)判定实验需控制的无关因素

要集中考虑会影响实验因变量的主要因素，对影响不大的因素可不予考虑。

(6)选择实验设计并提出统计假设

教育实验方案的形成是一个从明确研究目的、形成研究假设、确定变量、到决定取样方法、选择实验设计的一系列活动过程。

4. 教育实验分组设计的基本类型

表 11－8 教育实验分组设计的基本类型

基本类型	具体内容	
前实验设计	单组后测设计	①特征：只有一组被试且不是随机选择，无控制对照组；只给予一次实验处理；有一个后测，将后测的结果作为实验处理的效应。 ②优点：是一种自然描述，用来识别自然存在的临界变量及其关系。它不是严格意义上的实验，但它却是真实验设计的组成部分或重要元素。 ③缺点：不能控制无关变量的影响，内、外在效度都不高
	单组前后测设计	①特征：只有一个被试组且不是随机选择，无控制对照组；仅一次实验处理；有前测和后测，用前后测的差大于零来作为实验处理效应。 ②优点： a. 可以在处理前提供有关选择被试的信息。 b. 可以提供每一被试在实验处理前后两次观测条件下行为变化的直接数据。 c. 被试兼作控制组，便于估计被试个体态度对实验结果的影响。 ③缺点： a. 没有控制组做比较，不能控制历史、成熟及统计回归。 b. 前测可能影响后测，产生实验误差

续表

基本类型		具体内容
前实验设计	固定组比较设计	①特征：使用了不接受实验处理的控制组，便于对应比较；实验组与控制组是在实验处理前已组织起来的原组；两个组都有后测。 ②优点： a. 使用了控制对照组，在有关内部效度方面，会受到一定的控制。 b. 可以控制历史因素。 c. 统计分析上的统计分析把握性大一些。 ③缺点：被试不是随机分组，又没有一个前测数据，判断被试组是否相等困难
准实验设计	不等控制组设计	①特征：有实验组和控制组两个组，两组不等，但实验处理可随机指派；两组都有前后测。 ②优点：有控制组，有前后测比较，提高了研究的内部效度。 ③缺点：可能会降低实验的内在效度；前后测的交互作用
	时间序列设计	①定义：是指对一组非随机取样的被试实施实验处理，并在实验处理前后周期性地做一系列测量，然后分析前后测量分数是否具有非连续性，从而推断实验处理的效果的实验设计。 ②分类：可分为单组相等时间样本设计和多组时间样本设计。 ③优点：外在效度较好，推论范围广。 ④缺点：实验安排上的反应效果不容易得到很好的控制
	平衡设计	①定义：又称实验条件平衡设计、同定组循环设计、拉丁方设计，是指采用拉丁方格来安排实验条件，使被试变量和顺序变量可能发生的误差大约平衡，最终互相抵消的实验设计。 ②特征：所有组接受各种处理，但是是一个不同的顺序。各组的处理的数目是相等、平衡的，用其平均成绩加以比较。 ③优点：通过平衡配置，许多影响实验的无关因素互相抵消，提高了实验的敏感性。 ④缺点：此设计本身往往带来不少影响研究效度的因素和统计检验分析方面的问题。当同一个组接受一个以上处理时，有可能产生多重处理干扰
真实实验设计	实验组、控制组前后测设计	①特征：被试随机分组；实验组接受实验处理，控制组则不给予实验处理；两组均进行前后测。 ②优点：可以控制“偶然事件”“被试缺失”等因素对实验结果的干扰；都进行了前后测，便于做对照比较。 ③缺点：可能产生前测与实验处理的交互作用效果而影响外在效度
	实验组、控制组后测设计	①特征：随机化选择被试和分组，仅实验组接受实验处理，两组均只有后测，没有前测。 ②优点：内在效度较高；避免了练习效应的影响，节省人力和物力；可控制历史、成熟、测验和统计回归等无关变量的影响。 ③缺点：不能对被试的缺失加以控制
	所罗门四组设计	①特征：随机选择被试和分组；两组有前测，两组没有前测；一个前测组和一个无前测组接受实验处理；四个组都有后测。 ②优点：可以将前测的反复效应分离出来；实验者可以做出四种比较；可运用 2×2 方差分析来处理该四组实验数据。 ③缺点：往往很难找到四组同质的被试；被试的数目多时，数据分析比较困难

续表

基本类型	具体内容
因素设计	①定义：是指在同一实验研究中，操纵两个或多个变量的设计。 ②特征： a. 设计至少需要两个自变量，每一自变量至少有两种水平。 b. 只需一个设计且可以研究变量间的交互作用。 c. 随着自变量和水平的增加，交互作用就更复杂，解释起来也更困难

考点三、教育实验科学水平的评价

1. 教育实验课题的效益性

表 11－9　教育实验课题的效益性

要点	具体内容
价值标准和价值判断的作用	①价值规范、调节研究者对教育实验的理解、取舍与设计。 ②影响教育实验体系的表达方式和风格。 ③决定教育实验的评价
教育实验价值的基本表现	①教育实验的社会效益。根据社会实践发展的需要，要求实验有利于提高教育质量，促进青少年德智体全面发展。 ②学术效益。根据教育科学本身发展的需要，要求实验有利于检验、修正、创新和发展教育理论，建立科学的教育理论体系
教育实验研究的价值性判断	①基础性：即该实验研究所确定的总课题将对教育科学有关领域的发展具有决定性意义，为这一领域其他问题的解决奠定基础。 ②创新性：即该课题的研究对原有理论框架、思维模式或实践方式将有所突破、更新和再创造。 ③操作性：即该实验研究将抽象的理论研究假设转化为操作化的经验，能在一定的范围中推广。 ④变异性：即该课题的研究不仅能引发一系列有内在联系的、逐渐深化发展的研究课题，而且对相邻近学科的研究产生重要影响

2. 教育实验假设的科学性

表 11－10　教育实验假设的科学性

要点	具体内容
依据教育经验事实	在形成教育实验理论构想时，所依据的经验事实可能符合客观事实，也可能不符合或不太符合客观事实
依据教育科学基本原理	①教育实验理论基础的主要类型： a. 以马克思主义哲学和教育思想为依据，把现有的一般原理，运用于教育实践以探索教育教学的内在联系。 b. 系统科学的思维方式和方法。 c. 对国内外有关理论的借鉴、移植和改造。 d. 对优秀教师的教学经验及优秀学生的学习经验的总结提炼，加以筛选总结。 ②教育实验理论基础的科学性： a. 理论的批判性。 b. 综合性。 c. 有鲜明的特色

3. 教育实验设计、程序与方法的合理性

表 11－11 教育实验设计、程序与方法的合理性

要点	具体内容	
教育实验设计及实施的规范性	两点标准	①有较明确的实验研究假设。 ②遵循教育实验的规范要求，尽可能达到科学的要求
	报告分析	由理论转化为具体实验方案，对实验研究报告做出以下分析： ①实验研究报告的标题是否较好地反映了该研究的内涵及该实验的自变量。 ②实验研究目的的陈述是否清楚。 ③文献检索是否良好地提供了该实验研究的背景。 ④检验的研究假设是什么。 ⑤取样的方法是什么，抽取的样本是否具有代表性，样本的容量是否合适。 ⑥该实验研究的自变量、因变量及操作定义是什么，其确定是否合适。 ⑦该实验设计的类型，对无关因素控制的方法以及控制的程度。 ⑧实验的测量手段、方法、操作过程及数据整理分析是否有效、可靠和客观，收集的资料是否具有信度、效度和系统性，是否充分利用了数据资源。 ⑨研究所要讨论的问题和结论是什么，在分析误差基础上进行的归因是否客观和合乎逻辑。 ⑩实验研究报告写作是否客观科学
教育实验方法论基础的科学性	主客体关系	①看实验者是否提出了明确的实验目的，并通过形成假设来确定“应当做什么”和“应当怎样做”。 ②看实验者是否立足于教育自身的现实性
	科学理论与经验事实关系	①经验事实是科学理论发展的基础和基本内容，二者常互相交错、互相渗透，贯穿于教育实验的全过程。 ②处理二者关系时，首要问题在于如何促使经验事实转化为科学理论并建构理论体系
	定性与定量分析关系	①定性分析是对研究对象的质的分析，关心有效性，关心过程，注重整体。 ②定量分析是对研究对象属性进行数量分析，关心可靠性，关心结果，注重普遍性。 ③二者是互补关系，量的研究要在质的研究下进行，首先对实验各主要因素有一个质的规定性，才能进而研究其量的规定性和差异

11.2 典型题(含考研真题)详解

一、单项选择题

1．为了比较讲授法、讨论法、角色扮演法在语文“草船借箭”教学中的不同效果，某小学语文教研组从全部五年级 12 个自然教学班中随机抽取 3 个班作为实验班，并选择了 3 位教学水平接近的教师任课，该实验属于(　　)。[统考 2022 年研]

A. 单因素　真实验　　　　B. 单因素　准实验

C. 三因素　真实验　　　　D. 三因素　准实验

【答案】B

【解析】①单因素实验，是在实验中只施加一种实验因素的实验（单因素实验一般设 1～3 个水平不等）。②多因素实验，是在实验中施加两种或两种以上实验因素的实验。③真实验，是随机分派被试（打乱原有班级、随机分派组成新班）的实验。④准实验，是从原有若干班级中随机抽取几个班的实验。题干中，“比较讲授法、讨论法、角色扮演法”是一个教学法自变量的三个水平，属于单因素实验；“从全部五年级 12 个教学班中随机抽取 3 个班作为实验班”是整群抽取，并没有随机分派被试，属于准实验。

2. 在教育实验中，研究者试图控制师生的“实验情结”对实验结果的消极影响，应采取的措施是（　　）。[统考 2017 年研]

A. 双盲控制　　B. 纳入处理　　C. 重复验证　　D. 随机取样

【答案】A

【解析】双盲控制能够控制“霍桑效应”，即意识到自己正在被别人观察的个人具有改变自己行为的倾向。题中，师生的“实验情结”即指师生因意识到自己正在被实验控制而发生行为改变。为避免这种状况，应采取双盲控制。

3. 根据伦理原则，不能用以检验“体罚会导致儿童反社会行为”这一假设的研究方法是（　　）。[统考 2016 年研]

A. 经验总结法　　B. 教育访谈法　　C. 教育实验法　　D. 教育问卷法

【答案】C

【解析】伦理原则是要求研究者的科研活动应遵循基本的社会道德准则，尊重研究对象或研究参与者的权益，避免给他们不适当的压力、负担和造成身心伤害，应消除或避免不良后果，审慎解释研究成果。特别是在进行实验研究里，经常要采用一些控制情境的研究手段，这就应特别注意在创设情境时不能违背伦理性原则，也不能用创造情境诱使学生产生不良行为的方法来获取研究资料。对题干中的假设不能采取的研究方法应该是实验法。

4. 真实验与准实验的最大区别在于（　　）。[统考 2016 年研]

A. 自变量个数不同　　B. 因变量测评方法不同

C. 无关变量个数不同　　D. 无关变量控制程度不同

【答案】D

【解析】根据实验变量的控制程度，可分为前实验、准实验和真实验。其中准实验是指不能随机分配被试，不能完全控制无关变量，只能够尽可能地予以条件控制的实验；真实验是指能严格地随机分配被试，系统操纵自变量并完全控制无关变量的实验。准实验与真实验最大的区别在于无关变量控制程度不同。

5. 以教育实验研究为基础，理论研究工作者与教育实践工作者相结合的科研课题组结构模式适用于（　　）。

A. 系统理论性研究课题　　B. 决策性研究课题

C. 应用性研究课题　　D. 探索性研究课题

【答案】D

【解析】探索性实验。包括有预测作用的超前实验。是以探索某种教育现象以及受教育者个性发展的规律为目标，通过探索研究对象的因果关系及问题解决，尝试建构某种理论体系，具有很强的创新性。这类研究课题，有科学的理论假设，严格合理的条件控制，比较规范的实验程序以及对资料数据的统计处理，寻求尽可能大的内部效度，并以科学理论解释实验结果。

6．将教育科学研究的方法分为理论方法、实验方法、实验研究和历史研究四大领域的分类标准是(　　)。

A．研究问题的性质　　B．研究的目的

C．研究的阶段　　D．研究方法上是否定量

【答案】A

【解析】按照研究问题的性质，教育科学研究的方法可以分为理论方法、实验方法、实验研究和历史研究。

7．实验研究的情境和被试的代表性主要影响实验的(　　)。

A．内在效度　　B．外在效度　　C．难度　　D．区分度

【答案】B

【解析】坎贝尔和斯坦利认为，对外在效度的威胁因素其一是取样偏差，被试取样没有代表性；其二是实验情境对被试的影响。

8．下列有关教育实验的陈述错误的是(　　)。

A．教育实验是一种自然科学实验活动　　B．教育实验是一种科学实验活动

C．教育实验是一种特殊的教育活动　　D．教育实验是一种特殊的实验活动

【答案】A

【解析】为了实现教育理论的科学化，必须积极开展各种教育实验。教育实验是一种特殊的实验活动，总体上分析，教育实验是从以下两条线索发展起来的。一条线索是受自然科学实验方法的影响，另一条线索是，教育实验从一般教育活动本身分化发展而来，并发展成为当今教育实验的两种基本范型。

9．反映实验自变量与因变量的因果关系的真实性，决定实验结果解释的是(　　)。

A．内在效度　　B．外在效度　　C．总体效度　　D．生态效度

【答案】A

【解析】内在效度是指自变量与因变量的因果联系的真实程度，即研究的结果。因变量的变化，一般由自变量引起，是操作自变量的直接结果，而非其他未加以控制的因素所致。

10．若按实验研究的目的划分，教育实验可以分为(　　)。

A．前实验、准实验和真实验

B．确认性实验、探索性实验和验证性实验

C．因素型实验、反应型实验和函数型实验

D．单因素实验和多因素实验

【答案】B

【解析】按教育实验的目的功能分，教育实验分为：①确认性实验：主要在于通过实验收集事实材料，确认所研究的对象是否具有研究假说内容的基本特征，并推动教育实践的发展；②探索性实验：包括有预测作用的超前实验，是以探索某种教育现象以及受教育者个性发展的规律为目标，通过探索研究对象的因果关系及问题解决，尝试建构某种理论体系，具有强的创新性；③推广、验证性实验：是以验证已取得的实验成果为目标，是对已取得的认识成果用再实践的经验来检验、修订和完善。

二、名词解释

1. 准实验[北京师范大学 2018 年研]

答：准实验是指在实验中未按随机原则来选择和分配被试，只把已有的研究对象作为被试，且只对无关变量作尽可能控制的实验。在教育实验中，因研究对象的复杂性导致建立严格的随机化程序十分困难，因而产生了准实验。准实验设计有多种类型，其中主要有以下三种：①不等控制组设计；②时间序列设计；③平衡设计。准实验设计的特点是：不能按照随机抽样原则抽取被试和随机分配被试，一般是以原自然教学班为实验单位，因此具有一定的外部效度。准实验可以对自变量进行操作控制，但对无关变量控制较差，只能对一部分无关变量进行控制。当然，可用统计方法进行控制或将一些无关变量纳入自变量因素来提高它对无关变量的控制能力。

2. 实验控制[南京大学 2015 年研]

答：实验控制是指在进行实验时，通过采用某些实际操作手段和多种方法，人为地控制或创设某些条件以证明实验结果的有效性。比如，目的是比较两种教学方法优劣，那么就要设立对照班(组)，使两个组其他条件尽可能保持均衡。包括教材内容，教师的知识能力、教学经验及其对实验的态度，上课的时间，课外作业的辅导、分量及指导作业的方法，学生的智力水平，参与的课外活动，家庭生活、家庭环境及家长指导等方面。在教育实验中，在设立对照组有困难时，也可以采用整体参照的方法进行分析。

3. 教育实验的外在效度[北京师范大学 2014 年研]

答：外在效度是指实验结果的概括性和代表性，教育实验的外在效度是指教育实验结果的概括性、代表性和可推广程度。影响教育实验的外在效度的因素主要有测验的交互作用、取样偏差无代表性、实验安排的负效应、多重实验处理干扰。

4. 教育实验法[北京师范大学 2013 年研]

答：教育实验法是指通过控制或创设条件，影响研究对象，验证假设，探讨教育现象因果关系的教育研究方法。其要素主要包括自变量与因变量、实验组和控制组、前测和后测。①优点：创造条件，集中观察某一现象；有严格的程序组织研究，便于重复验证；有各种控制变量、操作定义，结果可靠精确；能够发挥研究者的主动性。②缺点：与真实的教育活动相差太远；实验人员和实验过程带来负效应；不可避免地存在样本不足和被试选样误差等局限性。

三、辨析题

样本均值与总体均值的偏差越大，意味着教育实验研究的内在效度越高。［苏州大学2018年研］

答：该观点错误，具体分析如下：

教育实验研究的内在效度是指自变量与因变量的因果联系的真实程度，即研究的结果。因变量的变化，确实由自变量引起，是操作自变量的直接结果，而非其他未加以控制的因素所致。也就是说，内在效度表明的是因变量的变化在多大程度上来自自变量——有效性。所以样本均值与总体均值的偏差越大，不是意味着教育实验研究的内在效度越高。所以，上述观点错误。

四、简答题

1．拔尖创新型人才培养是实施人才强国战略的重要内容。某校为探究科创教育对学生创造性思维发展的影响，在高中一年级开展实验研究。学校每周为全体高一学生开设一节"stem校本课程"，在实验开始前采用信效度较高的创造性思维测验对学生进行前测。一年后，学校用等值得测验对学生的创造性思维水平进行测试，经比较分析得出"stem课程能显著提高高中生创造性思维水平"的结论。请简析该实验在变量控制上的优缺点。［统考2024年研］

答：从题干可知，该实验属于"单组前后测设计"，有前后测，但没有单独的控制组，其优缺点如下：

（1）优点

①因为有前测，可以在处理前提供有关选择被试的某些信息。

②通过前后测，可以提供每一个被试在实验处理前后两次观测条件下行为变化的直接数据，能明显地验明实验处理的效果。

③被试兼作控制组，便于估计被试个体态度对实验结果的影响。

（2）缺点

①由于没有控制组做比较，不能控制历史、成熟及统计回归。

②前测可能影响后测，产生实验误差。前后测相距时间过长，会出现保持与遗忘的个别差异问题，致使不易分辨出是由自变量引起的反应变量，还是受无关变量干扰的结果。

2．简述教育实验的基本要素。［西南大学2021年研］

答：教育实验研究作为教育研究的一种独特类型，通常包含三对基本要素：

（1）自变量与因变量

实验研究的目的是考察一个或几个自变量与个或几个因变量之间的因果关系。自变量即变化的措施、条件，是引起其他变量变化的变量，也称原因变量。因变量也称结果变量。在一个实验研究中，自变量不止一个，每个自变量有多种水平。如一项实验自变量可以包括教学方法、教材、教学组织形式。教学方法可以有讲授法、探究式学习两种水平。教材可分为人教版、北师大版两种水平。教学组织形式可以有班级授课、小组教学两种水平。同样，因变量既可以表现为学生学业成绩提高，也可以是教师教学能力提高等多个方面。

(2)实验组与控制组

接受实验处理的一组称之为实验组，未接受实验处理的组称之为控制组，或称对照组。控制组由一组与实验组尽可能相似的研究对象组成，与实验组同时接受测量，但不接受实验处理。控制组根据随机控制的程度可分为两种，一种是通过随机分配而形成的等值组，称为等值组或“真实”控制组，另一种是非随机分配而形成的控制组，称为不等控制组。

(3)前测与后测

在一次实验中，通常情况下需要对因变量进行前后两次相同的测量(也有的实验设计没有前测，如单组后测设计)，在实验刺激前的测试称为前测，实验刺激后的测试称为后测。教育实验的效果通常通过前测和后测的差异来做出解释。

3. 教育实验研究法的特点及基本结构。[首都师范大学 2018 年研]

答：教育实验研究方法是研究者按照研究目的，合理地控制或包设一定条件，人为地变革研究对象，从而验证假设探讨教育现象因果关系的一种研究方法。

(1)教育实验研究法的基本特点

①教育实验是一种科学实验活动，具有科学实验活动的基本特点

a. 因果关系的探讨

教育实验研究的目的正是要寻求假说命题“若 A 则 B”的真实性，即确实是因素 A 导致了因素 B 的变化。只有实验研究，才能揭示变量间的因果关系，说明“为什么”，推论因果关系的逻辑性。

b. 自变量的操作

第一，自变量，即变化的措施、条件。操作自变量，意指研究者人为地去干预、控制现象发生的条件和进程，有意识地变革研究对象某一方面的条件从而得到自己所要的结果。

第二，一般来讲，操作自变量的方式有三种；A 对非 A，一点 A 对许多 A，A 对 B。但无论哪一种，在一个教育实验中，研究者至少操纵一个自变量，控制其他的无关变量，观察在一个或更多的变量上的效果。

c. 合理控制无关变量

在教育实验中，为了探索因果关系，证实确实是自变量 X 导致因变量 Y 的变化，就必须排除其他无关因素的影响，使实验的其他条件保持恒定。只有控制无关变量，保证各方面变量平等，才能保证实验结果是可靠的。如果没有控制，就无法显现假设中提出的因果关系，即无法证明因变量 Y 就是由 X 导致的，也许是由其他因素导致的。所以实验研究必须合理控制无关变量，否则实验也不可能有效度。

②教育实验研究是一种特殊的实验活动

教育实验具有与自然科学实验不同的独特性，主要表现在以下四个方面：

a. 在实验研究对象上

自然科学实验以物为研究对象，着力探讨人与物的关系，教育实验则是以人和人所从事的教育活动为研究对象，着力研究的是社会中人与人、人与社会的关系；具有很强的社会性，充满了情感和价值观；用整体性观点和综合性方法处理实验变量，尤其是对学生思想品德及个性形成方面的研究更是如此。

b. 在实验物质手段方面

自然科学实验一般远高生产实践，主要在实验室人为地严格控制条件下进行，强调仪器手段工具的先进性。教育实验则主要在教育和教学的自然环境状态中进行，教育实验不能脱离教育教学的实践活动。

c. 在研究方法上

自然科学实验关注的是量的描述，是随机对比求其精确度。而教育实验由于教育现象变量的不确定性，教育概念范畴界限的模糊性和歧义性，以及涉及价值判断，且周期长，因素复杂，要想达到精确表达的量化分析是困难的，因此强调的是定量研究与定性研究相结合。

d. 在教育实验结果上

不能完全客观测量，同时还涉及对被试的实验道德问题。

(2)教育实验研究法的基本结构

①实验的准备

教育实验成功与否，很大程度上取决于实验前的准备工作。具体包括以下内容：

a. 选定实验研究的课题形成研究假说。

b. 明确实验目的，确定指导实验的理论框架。

c. 确定实验的自变量，选择被试和形成被试组，决定每组进行什么样的实验处理，并确定操作定义。

d. 选择适合的测量工具并决定采用什么样的统计方法，从而明确评价因变量的指标。

e. 选择实验设计类型，确定控制无关因素的措施，以最大限度地提高实验的内部效度和外部效度。

②实验的实施

按照实验设计进行教育实验，采取一定的变革措施，观测由此而产生的效应，并记录实验所获得的资料、数据等。

③实验结果的总结评价

要对实验中取得的资料数据进行处理分析，确定误差的范围，从而对研究假设进行检验，最后得出科学结论。

4. 教育研究中的“准实验”的基本特征是什么？［苏州大学2018年研］

答：准实验是指运用原始群体，而不是随机的安排被试进行实验处理的实验方式。用于在真实的教育情境中不能用真正的实验设计来控制无关变量，不能采用随机化方法分派被试的情况。

(1)准实验研究的一般特点

准实验的特点是不能按照随机抽样原则抽取被试和随机分配被试于各种实验处理，一般是以原自然教学班为实验单位，因此具有一定的外部效度。准实验设计强调对自变量进行操作控制，但对无关变量控制较差，只能对一部分无关变量进行控制。

(2)不同类别准实验研究的特点

①不等控制组设计

a. 不等控制组设计有实验组和控制组，一般在原有环境下按照自然教学班、年级或学校进行，不随机抽样分组，故两组不等，但实验处理可随机指派。

b. 两组都有前后测。

②时间序列设计

时间序列设计是指对一个非随机取样的被试组做周期性的一系列测量，在这时间序列中施以实验处理，然后观测呈现实验变量后的一系列测量分数是否发生非连续性现象，从而推断实验处理是否产生效果。

③平衡设计

平衡设计，又称实验条件平衡设计，固定组循环设计或拉丁方格设计，是指采用拉丁方格来安排实验条件。这是一种使被试变量和顺序变量可能发生的误差大约平衡，最终互相抵消的实验设计。特点是所有组接受各种处理，但是是一个不同的顺序。各组的处理的数目是相等、平衡的，用其平均成绩加以比较。这种设计，每一组既是实验组，又是对照组，通过平衡配置，许多影响实验的无关因素互相抵消了，从而提高了实验的敏感性。

5. 非随机分派控制组前后测实验的形式及优缺点。[统考 2018 年研]

答：非随机分派控制组前后测试设计，又称不等控制组设计，是为了比较某些实验处理的效果，在实验中常常通过设置实验处理组与非实验处理组(控制组)进行结果比较，来揭示实验处理的作用的实验设计方法。当无法对被试进行随机分配时，就采用不等控制组实验设计。它在教育实验中应用最为普遍。

(1)基本形式

G_1　O_1　X　O_2　(实验组)

………………………………………

G_2　O_3　　　O_4　(控制组)

(2)优点

由于有控制组，有前后测比较，因此可以控制成熟、历史、测验、工具、统计回归等因素影响，一定程度上控制被试的选择偏差，从而提高了研究的内部效度，有明显的对比效果。

(3)缺点

①不是随机取样分组，选择与成熟交互作用可能会降低实验的内在效度。

②前后测的交互作用。因此，实验结果不能直接推论到无前测的情境中，对实验结果的解释要慎重。要尽可能从同总体中抽取样本，以避免被试差异所带来的实验误差。

6. 简述教育实验内在效度与外在效度的含义，并举出两种影响实验效度的心理效应。[统考 2014 年研]

答：(1)内在效度的含义

教育实验的内在效度指自变量与因变量联系的真实程度，即研究的结果能被解释的程度。它表明的是因变量的变化在多大的程度上是来自对自变量的操纵。

(2)外在效度的含义

外在效度涉及教育实验研究结果的概括化、一般化和应用范围问题，表明实验结果的可推广程度，研究结果是否被正确地应用到其他非实验情境、其他变量条件及其他时间、地点、总体中去的程度。外在效度可分为总体效度和生态效度。

(3)影响实验效度的心理效应

例如，霍桑效应、皮格马利翁效应等对教育实验的效度都有一定的影响作用。

五、论述分析题

1. 阅读材料，并按要求回答问题。

材料：

研究者拟在本校500名八年级学生中采用实验法，比较项目化学习(X1)和接受式学习(X2)两种教学方式对物理学习效果的不同影响。

请回答：

(1)良好的教育实验设计的标准有哪些？

(2)依据良好的教育实验设计标准，为研究者拟定一份实验设计。［统考2023年研］

答：(1)良好的教育实验的标准

①随机化原则。随机化是实验设计中控制无关变量最重要的方法，也是最有效的方法。随机化通常包括两个方面：一是被试应从总体中随机选择；二是被试的配组(分到实验组或对照组)应随机分配。

②可控制原则。控制是实验的基本特征，没有控制就没有实验。一个实验能否有效地得出因果关系的结论，最重要的是看实验设计能否有效地控制无关变量。

③可重复原则。可重复是对实验的精确性和可靠性的要求，也是检验实验结果有效性的标准。

(2)实验设计

①实验设计拟定：

a. 提出研究问题：项目式学习与接受式学习对学生物理学习效果差异的实验研究。

b. 形成研究假设：项目式学习比接受式学习更有利于学生物理学习成绩的提升。

c. 确定自变量，选取被试：本研究的自变量是教学方式，有两种水平：采用项目式学习和采用接受式学习进行教学。因此，本研究采用整群随机抽样的方式，从八年级随机抽取两个班，一个班作为实验班，一个班作为控制班。

d. 确定自变量的操纵方式：实验班的学生采用项目式学习进行教学，控制班的学生采用接受式学习进行教学。

e. 确定无关变量的控制方案：实验过程中，两个班采用相同的教师进行教学，教学进度保持一致。如果两个班人数不同，在统计数据时随机剔除多余学生的数据。如果遇到难以控制的变量，可以调整实验设计，使其成为自变量。

f. 确定因变量的观测方法：本研究采用前后测设计，实验为期一个月。在实验开始之前，先对两个班学生的物理成绩进行测试。实验结束后，编制内容、难度、试题结构相当的测试，对两个班进行后测。

g. 研究格式：非随机分派控制组前后测设计

G1：O1 X1 O2

………………

G2：O3 X2 O4

②评价：

上述实验设计有其优点，也有其缺点。

a. 优点是实验便利，无须再进行分班，未来实验结果向外推广度强，有前后测做成绩对比，有控制组做两组对比，可以较好地控制无关变量。

b. 缺点是取样达不到等组处理，两班初试情况若不同，会影响实验效果。

③该实验设计如何做数据分析：

a. 数据统计：

第一，描述性统计：分别计算实验班和控制班学生前后测的平均分、标准差，并计算各个班前后测的分数差。

第二，差异显著性统计：对两个班的进步程度进行 t 检验，计算 z 值，判断项目式学习和接受式学习对学生物理成绩的进步程度是否有显著性的影响。

b. 预期结果分析：

第一，如果实验组在实验前后的进步程度显著高于控制组($z>1.96$)，说明物理项目式学习有利于学生成绩的提升。

第二，如果实验组在实验前后的进步程度显著低于控制组($z>1.96$)，说明物理接受式学习利于学生成绩的提升。

第三，如果实验组在实验前后的进步程度无显著差异($z<1.96$)，说明两种教学方式对学生物理学习成绩的提升无显著影响。

第四，进一步对标准差的差异显著性进行检验，可以判断项目式学习是否加大了学生之间的差异。

2. 结合下述实验案例回答：为比较系统讲授法与自学辅导法在提高学生数学成绩上的效果，某初中开展了实验研究。在中国知网以系统讲授法和自学辅导法为检索词进行全文检索，检索出 4 篇文章，在仔细研读此 4 篇文献的基础上，设计了实验方案。在初一新生中随机选 100 人，据小学结业考试中数学成绩，将得分相同或相近的学生配成 50 对，随机分配形成 2 个实验班，随机命名为 1 班和 2 班。1 班采用系统讲授法教学，2 班采用自学辅导法开展教学，一学期后进行数学测试。经分析，其 1、2 班数学平均分分别为 85、88。标准差分别为 5.5 和 10.5。两班的平均成绩差异的 Z 值为 1.79。根据测试数据，得出研究结论。

(1) 指出该研究中文献检索存在的问题，并提出可能的改进方法。

(2) 写出该实验的实验设计类型，阐明这一类型的优缺点。

(3) 简析该实验分组方法存在的问题

(4) 从数据中可以得到什么研究结论？为什么？［统考 2021 年研］

答：(1)存在的问题及改进方法

①文献检索确定的关键词缺少，应增加系统讲授法 + 数学成绩、自学辅导法 + 数学成绩。

②由于检索的文献仅 4 篇，数量较少，可以减少检索词搜寻更多文献，比如使用讲授法、自学法等。

(2)①实验设计类型：随机分派控制组后测设计。

②优点：能消除前测和后测、前测与自变量的交互影响，内在效度较高；有控制组，许多影响实验的无关因素互相抵消了，从而提高了实验的敏感性，又避免了练习效应的影响，节省了人力和物力。

③缺点：没有前测，无法确定实验处理是否对不同层次的受试者有不同的效果，不能对被试的缺失加以控制。

(3)存在的问题

该实验采用了匹配法，主要是使实验组和控制组在一些重要条件上相等或接近，从而控制无关因素对实验结果的影响。但是匹配法在分组的过程中操作比较复杂，在分组的过程中可能出现较大的误差；同时，通过结业成绩作为匹配的依据，无法完全代表两个学生的数学能力。

(4)①研究结论

从数据中可以得出两种方法在提高学生数学成绩上的效果没有显著差别。

②原因

根据研究假设，数据统计分析应该使用独立样本的双侧 z 检验，当显著性水平 $\alpha = 0.05$ 时，相应的临界值为 1.96，数据统计结果 $Z = 1.79$，小于 1.96，因此两种方法在提高学生数学成绩上的效果不存在显著差异。

3. 某校进行了一项通过反思活动提高学生知识迁移能力的实验。研究者将高中一年级中的5个自然班，用抽签的方法决定其中一个班为实验班，另一个班为对照班(控制班)。实验前对两个班学生的知识迁移能力进行了统一测试。实验开始后，两个班使用同样的教材、保持同样的进度。对照班以常规方式进行教学，但对实验班每节课提供5分钟的反思练习，并布置一定量的课外反思作业，要求学生按时完成。持续一个学期后，用统一测试的方法检测出实验班学生知识迁移能力明显优于对照班。请回答：

(1)该实验研究采用了何种设计类型？

(2)该实验的研究假设是什么？

(3)该实验中的自变量、因变量和无关变量有哪些？

(4)该实验设计存在哪些优缺点？

(5)该类型实验研究报告包括哪些基本要素？[统考2012年研]

答：(1)该实验研究的设计类型为不相等控制组前后测设计(或不相等控制组设计，或非随机分派控制组设计)。

(2)本实验研究的假设是：如果教学中有意识地组织学生进行反思活动，就会提高学生的知识迁移能力。

(3)该研究的自变量是学生的各种反思训练活动；因变量是反映学生知识迁移能力的测验成绩；无关变量包括教师情况、课堂纪律状况、学生学习风格等不做自变量处理的变量。

(4)①优点：

a. 在高中一年级中整群抽取，不打破原有班集体活动。

b. 利用抽签的形式进行分配，满足了随机分配的优点。

c. 有控制组有对照组，便于检验结果。

d. 有前测有后测，从而可以控制测验、工具以及统计回归等因素的影响。

e. 两班使用同样的教材，同样进度，相应减少无关变量的影响。

②缺点：

a. 没有打破原班集体，利用随机抽取的方式，无法控制两组同学之前的学习成绩、学习习惯等历史影响。

b. 前测将会对后测产生一定的影响。

(5)该类型实验研究报告的基本要素包括：题目、摘要、引言、方法、结果、讨论、结论、注释和参考文献、附录等。

4. 在教育研究中，往往会出现多种多样的影响研究结果的无关变量，试论述应如何控制这些无关变量？

答：控制无关变量是教育研究设计中最重要的、也是最复杂的内容。为了避免研究过程中变量的相互混淆，必须对无关变量进行控制。控制的基本原则是尽可能减少无关变量对自变量和因变量的干扰，具体方法有以下几种：

(1)消除

控制无关变量的最彻底的方式是不让无关变量介入到研究情境中去，完全排斥在自变量和因变量对应关系之外。

(2)恒定

有些无法排除的无关变量，可以采取使这些变量在研究过程中保持恒常不变，即所有的被试都接受相同的无关变量，把变量变为常量。采用恒定方式控制无关变量的通常采用：对实验条件的控制，同一时间、同一地点、同一主试进行；对研究对象的控制，选择智力、性别、年龄、程度相同的被试进行；对实验过程的控制，按照同一的研究程序、同一的研究步骤进行。

(3)均衡

①当无关变量无法消除，也不能保持恒定时，研究者可以采取均衡的方法来控制无关变量。通常的做法是设置实验组和控制组，让无关变量产生的作用对实验组和控制组都一致，都保持平衡。也就是说，实验组和控制组在实验条件上都相同，唯一不同的是实验组接受实验处理，而控制组不接受实验处理。采用设控制组的方法是控制无关变量常用的方法，它可以控制很多无关变量，而且简单、方便。

②均衡控制与恒定控制有相似之处，只是控制手段不同，采用恒定控制时，无关变量在组内以及组间都没有变化；采用均衡控制时，无关变量在组内有变化，但是变化所产生的作用在各组间是相等的。

(4)抵消

有些实验研究，被试需要在各种不同的实验条件下接受重复测量，由于重复测量，练习、迁移、干扰、疲劳、热身等作用会影响因变量的测量效果，研究者可以采用抵消的方式来控制这类无关变量。例如在一项关于比较 A、B 两种训练方法效果哪个更好的实验研究中，A、B 两种训练方法无论哪个先做，都会对后做的效果产生影响。研究者可以采用一组按照 A、B 顺序安排实验，另一组则按照 B、A 顺序安排实验，最后将两组 A 的实验结果相加，两组 B 的实验结果也相加，再对 A、B 进行比较，得出结论。通过轮组设计可以抵消实验顺序的影响。

(5)随机

随机是科学研究必须遵循的基本原则。随机化控制是研究者最常用的控制无关变量的方式，也是最有效的控制无关变量的方式。随机化指被试的随机取样、随机分组、随机分配实验处理等。通过随机化可以控制大量的无关变量，通过随机化可以把研究中的很多差异平均地分配到每个个体身上去，从而创造均等。只要在研究中采用随机化程序，无论是已知的还是未知的无关变量，无论无关变量会产生什么样的作用，它对实验组和控制组的影响都可以假定为是相等的。对无关变量的控制，研究者应该首先考虑采用随机化控制，尤其是在无法确定有哪些无关变量会对研究结果造成影响或不能确定采用什么方法控制无关变量时。

(6)盲法

①被试之间存在个别差异，这种差异会对研究结果造成影响，当然要严格控制。有时，被试知道自己在实验组或了解实验真实意图时，有可能做出反常行为；有时，主试也是无关变量，也会对研究结果造成影响。如主试的年龄、性别、身份、地位、态度、情绪等都会影响被试的学习、记忆、学业成绩、心理测量等，甚至，主试的偏见、期望不但会影响作为被试的人，还会对作为被试的动物的行为产生作用。当主试知道谁在实验组，谁接受了实验处理，会有意无意地给予某些暗示，产生某种期望，从而影响研究结果的客观性。

②为了控制这种人为的干扰，在施测时可以采用盲法。盲法是指采用隐蔽手段，控制实验参与者的偏差或期待的一种控制无关变量的方法。在实验中，如果被试不知道自己在参与实验或正在接受某种实验处理，称之为单盲；如果主试和被试都不知道哪些人接受实验处理，哪些人没有接受实验处理，也不知道实验设计者真实意图，称之为双盲。

除了上述方法，控制无关变量的方法还有很多，例如，采用不同的实验配组形式和不同的实验设计模式对无关变量进行控制；采用多主试或电脑主试对实验者效应进行控制；还可以采用统计手段对被试间的个体差异进行控制等。总之，从无关变量的来源上，控制可以从三个方面考虑：一是对研究的外部环境和条件进行控制；二是对被试的个体差异进行控制；三是对研究者或主试在实施研究中可能产生的实验者效应进行控制。

第 12 章　教育科学的理论研究

12.1　复习笔记

【知识框架(庖丁解牛)】

教育科学的理论研究
- 教育科学理论研究的一般原理
- 教育科学的理论研究基本方法

【复习向导(切中肯綮)】

教育科学的理论研究与教育调查、观察、访谈及教育实验等实证研究是两种不同类型的研究方式，但两者又相互联系，互为补充。本章主要介绍了教育科学理论研究的一般原理和基本方法。通过本章内容的学习，学习者需要掌握教育科学理论研究的基本概念和方法，并在教育科学研究中进行初步运用。

【考点归纳(游刃有余)】

考点一、教育科学理论研究的一般原理

表 12 –1 教育科学理论研究的一般原理

特点	具体表现
定义	教育科学的理论研究，是一个在占有关于特定教育现象的感性、理性材料基础上，运用概念范畴体系，通过分析、综合、抽象、概括、归纳、演绎等具体的思维操作方法，以各种逻辑的和非逻辑的方式进行加工处理从而构建理论的过程。这个过程以教育活动的现实为起点，以形成问题解答的理论为终点
特点	①抽象概括性与间接性。 ②多样性与不确定性。 ③层次性：包括经验性层次和理论性层次。 ④超前性与继承性
功能	①构建理论体系。 ②对各种教育理论观点的评价、分析、整合和转换。 ③发展和完善原有教育理论体系
基本过程	①教育科学理论的发现。 ②教育科学理论的检验。 ③教育科学理论的发展

续表

特点	具体表现
理论模型的建构	①立足于对当代教育改革的实际问题的研究。 ②合理确定理论分析的着眼点。 ③确定概念范畴并提出研究假设。 ④保证理论体系结构的合理。 ⑤对形成的理论体系进行检验。 ⑥拟定理论研究的论文写作提纲

考点二、教育科学的理论研究基本方法

表 12－2　教育科学的理论研究基本方法

特点		具体表现
发生学的方法		是在研究自然和社会现象时以分析它们的起源和发展过程为基础的一种研究方法
逻辑思维的方法		是将事物的发展进程在思维中以逻辑的形式表现出来，从而制定理论体系的方法
从抽象上升到具体的方法		是人们通过把握事物各个方面的本质规定及其相互间的内在联系，把各种抽象规定性按一定的逻辑顺序联系起来，从理论上完整地再现事物的多样性的方法。具有逻辑起点、逻辑中介、逻辑顺序、逻辑终点等四个环节
历史－逻辑的方法		是舍弃事物发生、发展的历史过程中的各种细节及偶然因素，通过一系列概念范畴，以“纯粹”的理论形态来揭示历史发展的规律，从而建立科学理论体系的方法
系统科学的方法	系统方法	是将对象作为系统进行定量化、模型化和择优化的研究方法
	信息方法	是用信息概念和理论来考察研究系统的行为功能结构，从信息的获取、转换、传输和储存过程来研究控制系统的运动规律的方法
	结构功能方法	是说明系统整体结构和功能关系的方法

12.2　典型题(含考研真题)详解

一、单项选择题

1. 下面(　　)不属于实证研究。

A. 教育调查　　B. 教育观察、访谈、测验

C. 文献综述　　D. 教育实验

【答案】C

【解析】教育科学的理论研究与教育科学的实证研究是两种不同类型的研究方式。教育调查、观察、访谈、测验及教育实验等均属实证研究，是形成科学事实的方法。

2. 教育科学的思辨性研究(　　)。

A. 可达到普遍性认识，但受研究者认识能力的局限，主观的分析会不同程度代替客观现实

B. 可达到普遍性认识，因此研究者主观的分析不会代替客观现实

C. 不能达到普遍性认识，因此研究者主观的分析会代替客观现实

D. 不能达到普遍性认识，因此研究者的主客观的分析都不会影响客观现实

【答案】A

【解析】思辨性研究，虽然可达到普遍性认识，抽象思维，虽然能把握现象背后的规律，但受研究者认识能力的局限，难免会出现用主观的分析代替客观现实的真实性的情况。因此要看到理论研究的局限性，在进行理论研究时注意与实践研究相结合，并借助形象思维。

3. 根据概括程度的不同，理论研究分为(　　)两个层次。

A. 经验的和理论的　　B. 理论的和实践的

C. 一般的和特殊的　　D. 广义的和狭义的

【答案】A

【解析】理论研究具有结构体系的层次性。根据概括程度的不同可区分为经验的和理论的两个层次。经验性层次：各种事物和现象的单纯排列与分类，进行各种事实的积累过程，通过对这些事实进行分析综合、抽象和概括，形成经验概念(经验定律)。理论性层次：通过分析性、批判性思维，将教育现象中隐含的本质性的因素外化和明确地表述出来，揭示出经验定律中的“普遍性和必然性”，使处在较低概括层次的各种经验概念形成为理论原理，从现象深入到本质，从而获得对事物的比较全面的了解。

4. 下面关于研究成果的逻辑证明的表述恰当的是(　　)。

A. 教育研究成果在没有进行扎实的理论研究并加以逻辑证明前，不应急于推广

B. 教育研究成果在没有进行扎实的理论研究前，可以根据具体的情况进行不同程度的推广

C. 教育研究成果进行了扎实的理论研究之后可以直接用于推广

D. 通过理论研究，使研究者对新理论的信息有了大概的掌握，可以进行有效的探索活动

【答案】A

【解析】教育研究成果在没有进行扎实的理论研究并加以逻辑证明前，不应急于推广。也正是通过理论研究，使研究者对新理论的基本概念、基本原理有自觉深入的具体研究和准确把握，才可能进行有效的探索活动。

5. 下面关于教育科学理论研究的表述正确的是(　　)。

A. 教育科学的理论研究带有很强的思辨性色彩，是在纯理性的超越感性经验水平上通过抽象思维活动来间接地把握教育问题

B. 是在已有的主客观现实材料的基础上反映教育的客观规律

C. 是在理性与感性经验的基础上通过直接的思维活动直接地把握教育问题

D. 是一种带有总结概括性和普遍性的方法论原则，使教育的现象和本质得以深刻的揭示

【答案】A

【解析】教育科学的理论研究，是在已有的客观现实材料及思想理论材料基础上，运用各种逻辑的和非逻辑方式进行加工整理，以理论思维水平的知识形式反映教育的客观规律；

并且带有很强的思辨性色彩，是在纯理性的超越感性经验水平上通过抽象思维活动来间接地把握教育问题。是以一种带有总结概括性和普遍性的方法论原则和理论框架作为形式系统，使教育的本质和规律得以更深刻的揭示和合理的说明。

二、简答题

1. 简述教育科学理论研究的特点。

答：教育科学的理论研究，是在已有的客观现实材料及思想理论材料基础上，运用各种逻辑的和非逻辑方式进行加工整理，以理论思维水平的知识形式反映教育的客观规律。教育科学的理论研究，具有以下几个特点：

(1)抽象概括性与间接性

教育科学的理论研究带有很强的思辨性色彩，是在纯理性的超越感性经验水平上通过抽象思维活动来间接地把握教育问题。

(2)多样性和不确定性

①教育的发展受多种因素制约，需要根据不同的哲学观，从多方面、多视角、全方位地考察教育问题，从而形成了众多的研究学派和对同一问题的不同观点，表现出理论研究形态的多样性和不确定性。

②理论研究的多样性和不确定性，形成不同教育观点和理论流派的论争，使人们的思想不致僵化，有助于教育理论的发展和完善。但是这里需要我们正确处理“一”与“多”，“确定”与“不确定”的关系。要形成确定的、清晰的、正确反映客观事物发展规律的科学理论，关键在于必须经过实践的检验。

(3)层次性

①经验性层次，是各种事物和现象的单纯排列与分类，通过对积累的事实进行分析、综合、抽象和概括，形成经验概念(经验定律)。

②理论性层次，是通过分析性、批判性思维，将教育现象中隐含的本质性的因素外化和明确地表述出来，使处在较低概括层次的各种经验概论形成为理论原理，从现象深入到本质，从而获得对事物的比较全面的了解。

(4)超前性与继承性

①教育理论的发展，无论是表现为外延式扩展(理论概括的延伸，应用范围扩展及具体化)，还是表现为理论的横向发展(新旧理论之间联系尚未暴露)，还是纵向质变(新旧理论之间深刻的继承性关系，旧理论作为一种特例包含其中)，都体现出批判性、突破和超越的意识、不满足现状的进取精神。正是理论的更替，成为划分教育科学发展阶段的主要依据；同时，理论研究反映出反复性、继承性特点，这就是人们常说的“历史的重演”。考察任何一种教育理论的内容框架及方法特征，都能找到以往理论的痕迹。

②理论研究上的这种批判性与继承性，也说明一次研究可能只解决某一个问题。构成一个相对完整的体系，需要不断地以新理论代替前一个理论。既保留原有理论中合理成分，又不断地发展这种科学成分，从而实现认识从低级向高级、从片面向全面的发展。

综合上面教育科学理论研究特点的分析，可以看出，教育科学理论研究在其直接意义上是以严密的理论体系的方式再现和阐释一定的教育现象及过程，是以一种带有总结概括性和普遍性的方法论原则和理论框架作为形式系统，使教育的本质和规律得以更深刻的揭示和合理的说明，这是一种理性研究的方法。

2. 简述近年来我国在教育科学的理论研究方面所发生的深刻变化。

答：近年来我国在教育科学的理论研究方面所发生的深刻变化主要体现在以下方面：

(1)从热衷于介绍、引进国外教育理论转到致力于探索具有中国特色的教育理论体系的研究。

(2)广泛吸收现代科学发展的新成果、新方法，借鉴现代西方理论学派的合理思想，从而缩短了与世界教育理论研究水平的距离，增强了研究的科学性和时代气息。

(3)突破了长期专注于对经典理论的诠释和某个思辨体系概念范畴的推演考察的封闭式研究模式，深入到教育发展的内部，并开辟许多新的研究领域。比如，与自然科学研究结合，探讨现代教育与现代科技发展的关系；与认知科学、思维科学的研究结合，探讨人的发展的可能性；与人类学、文化学、社会学的研究结合，探讨教育与社会发展的关系；与数学、逻辑学、系统科学的研究结合，探讨教育科学研究的科学化问题，等等。

(4)马克思主义辩证唯物论与历史唯物论作为一种哲学方法，为人们认识自然界和人类社会提供了科学的世界观和方法论，为人们正确认识教育现象及其规律提供了指导思想和理论基础。它作为我国教育科学研究的指导思想越来越受到重视。

3. 简述系统论的基本理论。

答：(1)系统与系统论的定义

①系统是由若干相互联系、相互作用的要素(或子系统)构成的、具有特定功能和运动规律的整体。

②系统论就是研究系统的模式、原理和规律的科学。

(2)系统论的基本理论

①整体的功能不等于各部分功能之总和

任何系统虽由若干部分所构成，但在功能上，各部分功能的总和不等于整体的功能。任何系统的整体功能，等于各部分功能的总和，加上各部分相互联系形成结构产生的功能。系统论的这一理论，要求人们在研究问题时，要牢固地树立全局观念，始终把研究对象看作一个有机整体；对各部分的安排要考虑到有利于系统整体功能的发挥。

②系统的结构决定系统的功能

a. 系统的结构决定系统的功能，不同的结构可以发生不同的功能。所以在要素已经确定，环境影响不变的情况下，巧妙地安排系统的时间结构与空间结构，是发挥系统功能的关键。

b. 由于系统内部各要素排列的顺序不同，系统的结构、功能和所出现的信息也就不同。所以系统论、信息论都非常重视系统内部各要素排列和组合的顺序、层次。系统的有序程度愈高，其结构愈严密。

c. 任何一个系统都是较高一级系统的要素，同时任何一个系统的要素又是较低一级的系统。对于一个特定系统来说，其他系统就是该系统存在的外部环境。因此，系统、要素和环境三者是有机统一的关系，是彼此相互联系和相互制约的。

综上所述，系统论的这一理论，要求人们在研究和处理问题时，除对构成系统的要素加以注意和选择外，要特别重视系统内部各要素排列、组合的顺序和层次，使其有个合理的安排，以充分发挥系统的功能。

③动态观点

任何系统都是存在于特定的环境之中，与外界进行能量、物质、信息的交换，受着环境的影响，具有开放性，随环境的变化而发生变化，它是一个运动的过程。系统论、控制论、信息论都是以动态的观点去分析考查事物，注意事物的运动状态，考察研究事物运动的过程，从而选择恰当的过程。

④最佳观点

人们对系统进行研究和改造的最终目的，是为了使系统发挥最优的功能。一个系统可能有多种组成方案，要选择最优的方案，使系统具有最优功能。

三、论述题

试论述面临复杂的教育现象，研究者如何灵活地建构自己的理论研究模式并形成风格？

答：面临复杂的教育现象，研究者灵活地建构自己的理论研究模式并形成风格需要注意以下方面：

(1)立足对当代教育改革的实际问题的研究，搜集完备准确的有关资料并加以科学分析

教育的现实问题既是理论研究的出发点，又是理论研究的基础。只有从教育的现实问题出发，提出具有普遍性、全面性、时代性的重要理论研究问题，才能突破原有理论旧的格局，重新构造学科新的体系。比如，1980 年代以来我国对教育与经济、社会关系，教育与发展，教育主体与主体性，实践活动与教育认识等问题的探讨，要求从教育实际中发现内在结构及其相关关系，这些局限于对各学科原有概念理论的评论、注释式研究是不可能实现对原有基本理论问题的反思和超越的。

同时，教育的理论研究必须以客观真实的、全面充分的历史和现实材料作为概括对象，才有可能达到研究的最高水平。也就是说，必须立足于前人研究的基础上，把握新的事实，才能在新的水平上进行理论创造。面对教育实践活动和前人积累的正反经验，必须抓住关键性材料和有代表性的材料，识别出有显著影响的因素和相互关系。

(2)合理确定理论分析的着眼点

要使形成的理论具有科学性、清晰性，就必须要有一个正确的理论着眼点，有一个相对稳定的思路。

①必须从总体上把握世界教育理论流派发展的内在逻辑和理论线索。如在现代教育思潮中，人文主义理论提出的一系列基本观点，这些观点虽然与近代卢梭、杜威等人的研究有直接的理论渊源关系，但研究的视角、方法和思想都有了较大的不同，且处于更深的理论层次。当代教育改革中存在的世界性的人文主义思潮，反映了新科技革命引起的现代社会的深刻变革以及对培养人才的要求。

②要有对教育现象本质问题的深刻洞察。比如当前关于教育与社会主义市场经济的关系问题，这个问题的实质在于教育体制要符合社会主义市场经济发展的要求，要使教育体制能促进社会主义商品经济的发展，同时对商品经济给予教育发展的正负影响保持清醒的

头脑。不能将关注点只放在教育能否商品化，教师劳动性质是否具有商品性等问题上。

(3)确定概念范畴并提出研究假设

进行理论研究，概念必须准确，尤其是基本概念应该具有严格规定的含义(包括特征和条件)。这是一个学科基础理论成熟的重要标志。教育领域内对许多问题的争论，往往是由于对概念的不同理解造成的。

为了保证教育科学基本概念的概括度和清晰度，要重新研究某些概念的内涵，删除歪曲认识的、表述不确切的术语；对那些从其他领域借用的概念术语要赋予教育内容并加以实施，不能照搬和滥用；对教育实践中不断形成的新术语及概念范畴，则要通过实践不断检验和完善。在此基础上，要在全部概念中把构成这一理论范畴的骨架概念挑选出来以形成概念系统。只有将概念放在彼此有内在联系的概念体系中并得到合理阐述的情况下，才能产生科学理论。

(4)保证理论体系结构的合理

理论研究中进行概括有三种基本的逻辑渠道，一种是整体把握方式(把握时代的整体性)，第二种是普通性概括方式(通过分析寻找共性)，第三种是典型概括方式(对特定领域的分析以寻找特殊性)。无论哪一种概括方式，最重要的是要有强的客观性、现实性和针对性，要全面、真实和充实。

理论体系结构是否合理，主要受以下几个因素制约：

①所研究领域的科学理论的有关研究达到一定的深度和广度，基本理论得到较好的总结和概括。

②要把握这些理论要素间的内在联系、层次结构。

③恰当地运用逻辑方法，寻求事物间的逻辑与非逻辑的互补而又互斥关系，使体系的逻辑符合客观事物结构的合理性。

(5)对形成的理论体系进行检验

由于研究者哲学基础和方法论的不同，或由于构建理论体系的逻辑起点不同，从而形成了不可忽视的研究者主体性差异，这种差异可能表现为理论框架和语言系统方面的不同而造成的描述上的差异，也可能表现为使用范围和说明程度方面的水平差异。加上认识的相对性，就使得理论研究成果的客观程度模糊不清。因此，对形成的理论进行检验就成为理论研究中的一个重要方面。

(6)拟定理论研究的论文写作提纲

理论研究的成果主要表现为论文，论文写作提纲实际是对论文基本构思和总体布局的设计。写作提纲的拟定可以帮助研究者理清思路，明确论点及论点之间的相互关系，确定论文的重点及范围。

如果说，传统的理论研究由于经验性、思辨性和个体性而带来了一定的局限，表现为主观、片面和表面地看问题，那么，现代的理论研究则强调客观、全面、本质地看问题，强调系统整体地研究，使理论分析到位，从深层次(规律性认识的层次)上解决问题。因此，必须做到认识论、逻辑学和辩证法的统一。

第四编　教育研究结果的分析与评价

第13章　教育研究数据资料的分析

13.1　复习笔记

【知识框架（庖丁解牛）】

- 教育研究数据资料的分析
  - 定性分析
    - 定性分析的定义、特点及适用范围
    - 定性分析的过程和方法
    - 对定性分析可靠性的检验
  - 定量分析
    - 定量分析的定义及方法
    - 教育研究与元分析
    - 模糊数学与教育的定量分析

【复习向导（切中肯綮）】

资料的整理分析，是要将研究所得的原始资料按照研究目的进行审视、汇总、分类、补充和评价，从而使资料能系统地、完整地反映客观事物发展的过程。研究的资料必须经过整理才能说明教育问题。本章主要介绍了定性分析和定量分析两种分析方法。

【考点归纳（游刃有余）】

考点一、定性分析

1. 定性分析的定义、特点及适用范围

表13－1　定性分析的定义、特点及适用范围

要点	具体内容
定义	定性分析是指通过比较和分类、归纳、演绎、分析、综合、抽象、具体等逻辑方法和思路，对所搜集到的文字、声音、图片等资料进行思维加工和意义分析，使它们从感性认识上升到理性认识，从而揭示出事物内在特性的过程
特点	①定性分析的对象是质的描述性资料，这些资料通常在自然场合以书面文字或图片等形式表现，带有很大程度的模糊性和不确定性。 ②定性分析注重整体发展的分析，目的在于把握事物的质的规定性，获得对研究对象的完整透视。

续表

要点	具体内容
特点	③定性分析的研究程序具有一定弹性。教育作为一个动态过程，其所具有的多样性，决定了定性分析的研究程序不太严格，有很大灵活性。 ④定性分析的方法是对搜集资料进行归纳的逻辑分析。通过对材料的归纳分析，将这些资料与事实加以归类，从中得到启示，抽象概括出概念和原理。 ⑤定性分析易受主观因素及背景的影响。定性分析一方面很容易受到研究者和被研究者主观因素的影响，另一方面，教育研究对象的行为表现总是与特定的情境相关联
适用范围	定性分析主要适用于以下场合： ①注重对过程的探讨。 ②个体的发展，随时间推移发生的行为上的演变以及个案研究。 ③比较研究中的差异描述。 ④定性的评价分析。 ⑤有关观念意识方面材料的分析

2. 定性分析的过程和方法

表 13－2　定性分析的过程和方法

要点	具体内容	
过程	①按照研究课题的性质确定定性分析的目标以及分析材料的范围。 ②对资料进行初步的检验分析。 ③选择适当的定性分析的方法和确定分析的维度。 ④对资料进行归类分析，找出研究对象的特质规范。 ⑤对定性分析结果的信度、效度和客观度进行评价	
方法	传统方法	文献分析、历史研究、比较研究
	现代方法	内容分析法、符号学方法、解释学方法、现象学方法等

3. 对定性分析可靠性的检验

表 13－3　对定性分析可靠性的检验

要点	具体内容		
客观性检验	客观性是保证好的效度和信度的前提。教育研究中由于研究者本人的参与，搜集资料又不易客观，因此进行定性分析时要保证客观性是很难		
信效度检验	定义	效度	①表现为：对事实的解释是否正确，使用的概念能否正确反映研究对象的客观实际。 ②具体可分为： a. 表面上的效度。 b. 收集资料的工具、方法上的效度。 c. 理论上的效度（结构效度）
		信度	表现为所发现的事实材料是否受意外情况的干扰，如果用同样的方法去搜集同一资料是否可得到同样的结果

续表

要点	具体内容		
信效度检验	方法	寻找相反证据法	在进行定性分析过程中要极力寻找相反的证据资料，如果找不到相反资料，则说明其资料和分析是可靠的
		三角互证法	同一问题从三个不同来源、不同方式得来的结果加以比较分析，看是否具有一致性
		利用公式对内容分析的信度系数进行计算	$r=\frac{n\times(\text{平均相互同意度})}{1+[(n-1)\times\text{平均相互同意度}]}$ （n 为对同一内容加以分析的研究人员）

考点二、定量分析

1. 定量分析的定义及方法

(1)定量分析的定义

定量分析是教育研究中的一个基本分析方法，主要是采用一定的数学方法(主要是数理统计分析)，对获得的资料和研究结果进行统计、分析和处理，以揭示所研究事物和现象的数量关系，掌握数量特征和数量变化，进而确定事物和现象的本质及其发展规律。

(2)统计分析方法在教育研究中的应用

表 13－4　统计分析方法在教育研究中的应用

要点	具体内容	
对得到的数据资料进行统计分类，掌握数据分布形态和特征	①按不同的标志对数据资料进行统计分组，突出统计对象的本质特征，保持组内的同质性和组间的差异性。 ②计算集中量数、差异量数、标准分数、关系量数等来描述资料的分布特征，包括集中趋势和离散趋势及相互关系。 ③将大量数据缩减，找出其中所传递的有用的教育信息	
对数据资料分析处理，通过统计检验，解释和鉴别研究结果	z 检验	①用正态分布的理论来推论差异发生的概率，从而比较两个平均数的差异是否显著。 ②主要适用于大样本
	t 检验	①用 t 分布的理论来推论差异发生的概率，从而比较两个平均数的差异是否显著。 ②主要适用于小样本
	方差分析	①用于分析数据中的不同来源的变异对总变异的影响大小，从而确定自变量是否对因变量有重要影响。 ②主要适用于检验两个大样本群体(组)间的差异，以及比较三个或三个以上任何规模的群体(组)
	χ^2 检验	①用于分析统计样本的实际观测值与理论推断值之间的偏离程度。 ②主要适用于计数资料的检验

续表

要点	具体内容	
通过总体参数的估计，从局部去推断总体的情况	点估计	在不知道总体参数时，用一个特定的值(统计量)作为总体的参数估计
	区间估计	用数轴上的一段距离来表示总体参数可能落入的范围，即用一个置信区间估计总体参数
应用教育统计作为控制变量的手段，帮助教育研究者熟悉科学的抽样、分组以及因素分析	因素分析是从众多的可观测变量中概括缩减出少数起主导作用的共同性变量，用以解释最大量的观测事实的统计分析技术，具体包括多因素的回归分析、判别分析、聚类分析、主因素分析等方法	

2. 教育研究与元分析

表13-5 教育研究与元分析

要点	具体内容
元分析的定义	元分析是20世纪70年代以来发展起来的一种定量分析方法，它运用有关测量和统计分析技术，对已完成的众多相同课题涉及的变量进行定量分析，目的在于从大量的研究结果中发现和得出综合性的、具有普遍意义的结论。这种方法对于总结以往研究的成果，得出一般规律，发现问题并在此基础上开展进一步研究，具有重要的实践和理论意义
步骤	元分析主要包括四个步骤： ①文献检索：对与所研究的课题相同或相似的有关研究资料进行收集，所检索的文献的全面性，直接关系到元分析结果的可靠性和准确性。 ②资料的分类：实际上是一个定性分析的过程，是测算研究结果的基础。研究的分类是按照研究的特点，根据不同的标准进行的。研究资料的分类结果一般以编码表的形式呈现。 ③研究结果的测算：需要测算统计显著性和效应量这两个指标；如果一个研究有多个因变量，还需计算出该研究的平均效应量；计算出每一研究的效应量后，还需对效应量进行合成。 ④分析与评估：一般地，合成后的统计显著性水平为 $P<0.05$，但效应量的大小则没有统一的标准，应根据正态分布情况做出解释和结论
涉及问题	①处理产生效果的指标与统计显著性水平、效果大小、效果的推广程度有关。其计算公式为 $r=f(T\cdot X)+\text{Error}$。($r$：研究结果，$T$：研究的处理，$X$：参加者的特征)。 ②在元分析中，无论是用描述性统计方法还是用推论性统计方法去评判文献资料，对资料的选择和评判都处于重要一环，关系到元分析结果的可靠性和准确性。 ③对效应大小的计算，分为两个因变量和多个因变量两种情况。一般而言，平均效应量 $d\leq0.4$ 为实验处理效应较小；$d=0.5$ 时，效应适中；$d=0.8$ 时，效应较大

3. 模糊数学与教育的定量分析

(1)定义

模糊数学，又称Fuzzy数学，是研究和处理模糊性现象的一种数学理论和方法。模糊数学是研究现实中许多界限不分明问题的一种数学工具。

(2)模糊数学用于教育研究的理论说明

教育包含有多方面相互联系的因素，因此教育现象多为不确定的变量，概念划分具有不确定性。其内涵的复杂性造成了简单类属的模糊性。因此，借用模糊数学的方法来研究教育现象，是用更严格的方法保持研究的严格性，使研究工作更接近研究对象的客观实际。

(3)模糊数学提供的分析方法

①模糊聚类分析(对不确定事物之间的界限使用模糊聚类分析方法进行分类)。

②模糊决策。

③模糊综合评判。

13.2 典型题(含考研真题)详解

一、单项选择题

1. 某学生在一次考试中，生物考了 80 分(已知全班生物的平均分是 75 分，标准差是 5)；化学考了 85 分(已知全班化学的平均分是 80 分，标准差是 10)，由此我们可以得出的判断是(　　)。[统考 2023 年研]

A. 生物比化学好　B. 化学比生物好　C. 二者都不好　D. 二者都好

【答案】A

【解析】标准分数，又称 Z 分数，是以标准差为单位表示一个分在团体分数中所处的位置，所以也叫相对位置量数，生物科目的标准分数是(80－75)÷5＝1，表明其生物原始成绩高于平均线一个标准差，化学科目的标准分数是(85－80)÷10＝0.5，表明其化学原始成绩高于平均线 0.5 个标准差。由此可以看出，生物比化学考得更好。需要注意不同学科不能单对比原始成绩，需要对比原始数据在所处分布中地位。因此答案选 A。

2. 张老师对小学生作业上的错字进行统计，分析错字类型，为探讨成因及教育对策提供依据，他采用的研究方法为(　　)。[统考 2019 年研]

A. 测量法　B. 观察法　C. 文献研究法　D. 内容分析法

【答案】D

【解析】内容分析法是指通过对文献的定量分析、统计描述来实现对事实的科学认识的方法，主要表现为将非定量的文献材料转化为定量的数据，并依据这些数据对文献内容做出定量分析和做出关于事实的判断和推论，且对组成文献的因素与结构的分析更为细致和程序化。

3. 以下属于教育科学定性研究特性的陈述中，不正确的是(　　)。[统考 2016 年研]

A. 倾向于采用演绎的思维方式

B. 把自然情景作为资料的直接来源

C. 更加关注研究过程，而不只关注研究结果

D. 资料收集与呈现通常采用文字或图片的方式

【答案】A

【解析】定性研究是用文字来描述对象，着重运用描述性分析来试图理解某种现象或问题的性质或意义的研究，题干选项中 BCD 三项均属于定性研究的特征。A 项，倾向于采用演绎的思维方式属于定量研究的特征，定量研究从开始便更倾向于以理论为基础。

4. 某初中三年级语文、数学、英语、物理四门学科期末考试成绩的平均分和标准差如

下。其中平均数的代表性程度最高的学科是(　　)。[统考 2016 年研]

A. 语文：79，3　　B. 数学：85，2　　C. 英语：90，4　　D. 物理：75，5

【答案】B

【解析】标准差是用来测度数据离散程度的指标之一，其计算公式为：

$$S=\sqrt{S^2}=\sqrt{\frac{1}{n}[(x_1-\bar{x})^2+(x_2-\bar{x})^2+\cdots+(x_n-\bar{x})^2]}$$

标准差越小，说明离散程度越小，数与平均数就越接近，平均数的代表程度越大。题干中 B 项标准差最小，因而代表性最好。

5. 定性研究区别于定量研究的基本特征是(　　)。[统考 2015 年研]

A. 研究成果更具客观性　　B. 研究成果更具普遍性

C. 研究更多地运用理性思维　　D. 研究更多地关注事物的性质及意义

【答案】D

【解析】定性研究是根据社会现象或事物所具有的属性和在运动中的矛盾变化，从事物的内在规定性来研究事物的一种方法；定量研究通过对研究对象的特征按某种标准做量的比较来测定对象特征数值，或求出某些因素间的量的变化规律。定性研究更多关注的是不同事物、现象的意义及特征；而定量研究关注的是有关因素在数量上的变化以及对研究对象的影响。

6. 某班期末考试语文平均成绩为 75 分，标准差为 8 分，小明得 92 分，则小明的标准分数是(　　)。[统考 2014 年研]

A. 1.12　　B. 1.37　　C. 2.13　　D. 6.52

【答案】C

【解析】根据标准分数的公式，求得结果为 2.125。

二、名词解释

标准分数[南京大学 2015 年研]

答：标准分数，又称 Z 分数，是一个分数与平均数的差再除以标准差的过程。用公式表示为：$Z=(x-\mu)/\sigma$。其中 x 为某一具体分数，μ 为平均数，σ 为标准差。Z 值的量代表着原始分数和母体平均值之间的距离，是以标准差为单位计算。在原始分数低于平均值时，Z 则为负数，反之则为正数。标准分数是一种可以看出某分数在分布中相对位置的方法，能够真实地反映一个分数距离平均数的相对标准距离。

三、简答题

1. 解释教育测量的信度和效应，并说明两者的关系。[统考 2019 年研]

答：(1)信度是指测验所得分数的稳定性、可靠性和一致性。一项测量具有较高的信度意味着在多次重复测量中获得了较为一致的结论。

效度是指测量的准确性和有效性，也就是测量的结果与所要达到的目标两者之间相符合的程度。

(2)两者的关系：

一般来说，信度是效度的必要条件，也就是说，效度都必须建立在信度的基础上；低信度的测评必然会导致低效度，但低效度的测评也有可能获得较高信度；但是，没有效度的测量，即使它的信度再高，这样的测量也是没有意义的。

信度与效度的关系有如下几种类型：①可信且有效；②可信但无效；③不可信也无效。

2. 简述教育研究中的定性分析的特点。

答：定性分析作为教育研究结果的分析手段，是最基础的分析方法之一。教育研究中的定性分析，具有以下几个主要特点：

(1)定性分析是整体性的

定性分析往往以整体的观点进行研究，而不将研究的场所、人物或团体缩减为变量来处理。研究者运用这样的观点，采取多方面搜集资料的方法，以发现所有的研究角度和资料的脉络，描绘一幅教育现象的整体的图画。研究者试图尽可能完全地描写研究问题所涉及的一个现象、场所、群体或文化，这样描写可能包括研究对象的历史、宗教、政治、经济和环境，整体的观点能促使研究者透视其当前的教育现象或文化情景，认识教育现象相互依赖的性质，其研究发现可能比部分的总和要大得多。

(2)定性分析是自然式的探究

定性分析强调在自然的情境做自然式探究，而不人为地控制任何变量。研究者无论是观察某种教育现象，参与某种教育经验的过程，还是对访谈、文献的梳理分析，其基础都要求在一种自然的情境中展开。

(3)定性分析是描述的

定性分析的资料大多是文字描述式的，这些资料被称为软性的资料，包括文本资料、访谈记录、官方文件、私人文件、备忘录、照片、图表、录影带等，这些资料提供有关场所和现象的客观描述。研究者搜集这些描述性资料时，注意场所中发生的每个细节，并假定每件事情都可能是一个线索，以更广泛地了解所研究的现象。

(4)定性分析注重过程

研究者关心的不仅是事情的结果，而且关心现象的过程。如在研究教师期望对学生的影响时，定量分析着力显示了前测和后测结果之间的变化，而定性分析则注意描述教师期望如何通过日常座位的安排、学生的发言机会、奖惩的分配和权力的赋予等师生间的互动过程影响学生的学习。此外，研究者在进行研究之前并不假定研究的重点，而是在研究的过程中会不断发现研究焦点。

(5)定性分析是弹性的

定性分析是一个不太严格的研究程序，前一步搜集资料的数量与质量往往决定下一步应该怎么做。教育动态过程的多样性，使得定性分析过程常常变动，灵活性较强。

(6)定性分析是人性化的

当研究者探究某个社会现象时，是亲自地去了解、去体验其中的生活逻辑。因此，在定量分析中常常欠缺的一些人性特质，在定性分析中则能得到体现。研究者常能体察到人们的内在生活、情绪、道德等，透过每个场所和每个人物，都能从中探究某种社会生活和人性的内涵和意义。

(7)定性分析是非判断的

对定性分析而言，所有的观点都是有价值的，研究者不是要寻求真理或标准，而是仔细地了解人们的观点，在定性分析中，所有的人都被视为相等的，少年罪犯的观点和法官的观点一样的重要。研究者需有意识地放弃个人对任何特定对象或场所的价值判断，以避免对他们所观察的现象做出不适当或不需要的价值判断。

3. 简述模糊数学与教育的定量分析。

答：模糊数学是近年来出现的一种新的定量分析方法。

(1)模糊数学用于教育研究的理论说明

①客观事物固有的类属，存在确定性和不确定性两个方面。对象在认识中的确定性、精确性，实际是意识对事物运动离散性、相对静止状态的把握；而不确定性、模糊性则是对象的发展连续性、动态性在意识中的反映，即在类属之间表现出两极对立的不充分性。

②各种模糊思维形式和语言表达在人们的认识活动中具有广泛性，这种思维的模糊性可以高效率地灵活传送信息。

③教育现象多为不确定的变量。人作为教育研究的主要对象，概念划分具有不确定性，如好学生与差学生，能力很强与能力很弱。教育包含有多方面的相互联系的因素，内涵的复杂性带来了简单类属的模糊性。事实证明，系统越复杂，因素越多，模糊性就越大。

基于以上分析，我们应树立这样的观念：借用模糊数学的分析方法来研究教育现象，是用更严格的方法保持研究的严格性，使我们更接近研究对象的客观实际。

(2)模糊数学所提供的分析方法

①应用模糊数学方法处理的对象是类属边界和性态不明确的教育现象，基础是模糊集合论。模糊集合论扩展了经典集合的概念，对于论域u上的一个模糊子集A，不是简单地指明各个因素的归属，而是指明u中每一因素以多大的程度隶属于它。隶属度是模糊数学所要量化处理的对象，因此要正确地构造隶属函数，使之合理和切合实际。

②近年来模糊聚类分析(对不确定事物之间的界限使用模糊聚类分析方法进行分类)、模糊决策、模糊综合评判等方面的尝试取得了一定成效，这在教育研究中仅是一个起步，理论上的可行如何转化为实际操作仍需要进一步研究。如综合评判指标建立的基本原则，如何保持指标体系整体的完备性、内部的独立性、各指标的可测性和可比性，模糊集合、模糊逻辑和隶属函数在教育研究中如何具体运用，能否建立模糊模型，等等。

总之，应用现代数学方法研究教育问题，处理分析数据资料，目前还处于探索阶段，要防止误用和滥用，关键在于要遵循教育科学本身的规律和特点。

四、论述题

1. 阅读材料，并按要求回答问题。

2020年初，为应对新冠疫情，在教育部的统一部署下全国大中小学实行“停课不停学、停课不停教”，其中，各高校积极开展线上教学活动。在此背景下，某研究者开展“大学生线上教学认同感及其影响的因素分析”的问卷调查，试图回答与认同感相关问题。研究者定义了核心概念，编制了《大学生线上教学认同感及其影响因素问卷》。问卷由两部分构成：第一部分为学生背景资料，包括性别、年级、生源地、学校类型、专业类型；第二部分为问卷主体，包括情感态度、行为意向、成本效益评估、环境支持、主观期望五个方面，其中前两个方面为认同感，后三个方面为影响因素。第二部分每个方面由4个题组成，共20道题，所有题均采用李克特五点计分法。自编问卷通过预调查进行完善，然后正式实施问卷调查。

请回答：

（1）根据上述材料，谈谈该研究中核心概念操作化的步骤。

（2）预调查后需要对自编问卷进行哪些检验？

（3）正式调查后可以做哪些统计分析？［统考2022年研］

答：（1）核心概念操作化的步骤：

概念操作化是指把抽象的概念转化为可观察的具体指标和变量的过程，是问卷设计的重要环节。概念操作化的步骤分为：

①核心概念的澄清与界定。

②列出问卷测量维度。

③建立问卷测量指标。

（2）预调查后需要对自编问卷进行如下检验：

①项目分析

通常被作为对问卷进行评估的第一步，主要是分析每个测验项目在测验中的贡献。包括：a. 每个测验项目与测验设计指标是否具有应有的相关程度；b. 每个测验项目对测验中的贡献是否具有独立的贡献；c. 每个测验项目对测验的贡献是否在测验中得到实现。

对项目分析做统计检验的基本原理，是根据测验总分由高到低排序，前27%为高分组，后27%为低分组，通过高分组和低分组的比较分析，评估每一测验项目在测验中的贡献。项目分析的评估检验指标有：难度分析、区分度分析。

②信度分析

信度是指测验所得分数的稳定性、一致性和可重复性。信度分析的评估检验指标有：再测信度、复本信度等。

③效度分析

效度是指测量调查的准确性、普遍性和可推广性。效度分析的评估检验指标有：内容效度、效标关联效度、结构效度等。

（3）正式调查后可以做如下统计分析：

①描述统计分析

即对调查总体所有变量的有关数据做统计性描述，主要包括数据的频数分析、数据的集中趋势分析、数据离散程度分析、数据的分布以及一些基本的统计图形。

②相关分析

相关分析是研究两个或两个以上处于同等地位的随机变量间的相关关系的统计分析方法。分为情感态度、行为意向、成本效益评估、环境支持、主观期望5个维度和认同感、影响因素2个总分，共计7列数据，可以进行两两相关分析，形成相关矩阵。

③回归分析

根据研究逻辑，可以用影响因素对认同感进行回归分析，验证影响因素对认同感的预测作用。

④差异分析

将学生背景资料的，性别、年级、生源地、学校类型、专业类型五个变量作为分组变量，分别运用单因素的方差分析，分析出在认同感和影响因素两个变量上的差异。

2．试论述定性研究与定量研究的关系。

相关试题：

量化研究与质性研究的区别。［苏州大学 2021 年研］

答：定量研究与定性研究是教育研究中的两种主要方法，二者既有区别又有联系，主要体现在以下几个方面：

（1）区别

①从极端典型的意义上说，定性研究是用语言文字来描述现象，而不是用数字和量度；定量研究是用数字和量度来描述对象，而不是用语言文字。

②严格来说，任何一项研究在总体上必定有一个界定，要么是定性的，要么是定量的。这决定了研究设计的性质和基本思路。

③从认识论的角度看，两种方法所依赖的哲学体系有所不同。作为定量研究，其对象是客观的、独立于研究者之外的某种客观存在物；而作为定性研究，其研究对象与研究者之间的关系十分密切，研究对象被研究者赋予主观色彩，成为研究过程的有机组成部分。定量研究者认为，其研究对象可以像解剖麻雀一样被分成几个部分，通过这些组成部分的观察可以获得整体的认识，而定性研究者则认为，研究对象是不可分的有机整体，因而他们检视的是全部和整个过程。

④两种研究方法在对人本身的认识上有所差异。量化研究者认为，所有人基本上都是相似的；而定性研究者则强调人的个性和人与人之间的差异，进而认为很难将人类简单地划归为几个类别。

⑤定量研究者的目的在于发现人类行为的一般规律，并对各种环境中的事物做出带有普遍性的解释；与此相反，定性研究则试图对特定情况或事物做特别的解释。换言之，定量研究致力于拓展广度，而定性研究则试图发掘深度。

⑥定量研究者比定性研究者更强调研究程序的标准化和预先设计。定性研究者比定量研究者更强调研究的人性化和灵活处理。

⑦定量研究运用实验方法，尽可能地控制变数。定性研究则在自然情境中进行，力求了解事物在常态下的发展变化，并不控制外在变数。

⑧定性研究和定量研究在目的上也是不同的。定性研究主要是通过描述来解释现象事实，定量研究主要是通过数据来展现统计结果。

（2）联系

尽管在定量研究和定性研究的概念和方法上存在不同，但这种区别就实施研究来说不是两分的，而是一个定性定量的连续统一体。也就是说，在实际教育研究过程中，绝对的、纯粹的定性研究或定量研究是不多的，它们通常是相互支持的。

第 14 章　教育研究成果的表述及评价

14.1　复习笔记

【知识框架(庖丁解牛)】

- 教育研究成果的表述及评价
  - 教育研究成果的表述
    - 教育研究成果表述概述
    - 教育研究成果的主要表现形式
    - 教育研究成果表述的要求
  - 教育科学研究的质量评价
    - 教育科学研究质量评价的功能
    - 教育科学研究质量评价的内容
    - 教育科学研究质量评价的指标体系要求
    - 教育科学研究质量评价的方式及方法

【复习向导(切中肯綮)】

在对教育研究数据资料进行整理分析的基础上，写出研究报告并对研究成果进行评价，这是教育研究工作的最后阶段。本章主要介绍了教育研究成果的表述和教育科学研究的质量评价。通过本章内容的学习，学习者要重点掌握教育研究成果表述的表现形式及相关要求；同时，要了解教育科学研究质量评价的意义和相关方法。

【考点归纳(游刃有余)】

考点一、教育研究成果的表述

1. 教育研究成果表述概述

表 14－1　教育研究成果表述概述

要点	具体内容
定义	教育研究成果是指研究者从复杂多样的理论与实践中获取的有价值的观点，并通过报告、案例、论文、著作等形式将之明确地表述出来，以利于交流、推广和运用的规范性的话语表达系统
内容	①教育现状。 ②检验教育研究假设，建立和完善教育科学理论。 ③促进青少年发展任务。 ④提出某个新的教育方法和措施

续表

要点	具体内容
类型	①以事实说明问题，包括：教育观察报告、教育测量报告、教育调查研究报告、教育经验总结报告、教育实验研究报告。 ②以深刻的哲理和严密的逻辑论证说明问题，包括：学术论文、学术专著、学位论文。 ③综合上述两类，但又有所侧重
主要目的	①得到社会的鉴定、评价和承认，以取得社会效益。 ②利于学术交流与合作。 ③促使研究的深化、成果的扩展以及进一步发现新问题，提高研究的科学化水平。 ④提高研究者的分析综合能力、逻辑思维能力和文字表达能力
撰写教育研究报告和论文的一般步骤	①确定报告或论文的题目及研究报告类型。 ②拟定写作提纲。 ③研究报告或论文的写作。 ④对初稿的内容、结构、文字的推敲修改

2. 教育研究成果的主要表现形式

表 14－2　教育研究成果的主要表现形式

类型	具体内容
教育调查报告	①题目：反映主要研究问题，可加副标题。 ②前言：交代调查的目的、意义、任务和方法。 ③正文：通过叙述、调查图表、统计数字及有关文献资料，用纲目、项或篇、章、节的形式把主体内容有条理地、准确地揭示出来。 ④结论和建议：在对整个调查内容进行总体的定性、定量分析的基础上，概括出事物的内在联系和规律，并提出新的见解、新的理论和参考意见。 ⑤附录：调查工具或部分原始材料
教育实验研究报告	①标题：常常直接采用研究课题的名称，指明所研究的主要变量、领域、方法和问题，使人对研究问题一目了然。 ②前言：又称引言、导语、序言或问题的提出，是正文的开头部分。一般包括研究课题的提出(即课题提出的缘由、目的)，问题背景(即文献述评)，研究的目的和假设，重要名词诠释等。 ③方法：即研究方法，包括： a. 研究课题中出现的主要概念的定义和阐述。 b. 被试的条件、数量、取样方法。 c. 实验的设计，实验组与控制组情况，研究的自变量因素的实施及条件控制等。 d. 实验的程序，通常涉及实验步骤的具体安排，研究时间的选择。 e. 资料数据的搜集和分析处理，实验结果的检验方式。 ④结果：对研究结果的陈述是实验报告的重心所在。结果部分的撰写要求有： a. 强调实事求是、以准确无误的数据资料说明问题，以保证结果的客观性、准确性。 b. 要求定量与定性分析相结合，对数据资料要严格核实，注意所用图表的正确格式。 c. 要求资料翔实，层次分明，逻辑连贯，文字准确。

续表

类型	具体内容
教育实验研究报告	⑤讨论：是对研究结果做出理论上的分析、解释和评价，从广度和深度两个层面来加深对研究结果的认识，为整个实验报告的结论提供理论上的依据。 ⑥参考文献：有严格的格式要求： a. 在期刊的参考项目中，应依次为作者姓名(如果是多个作者，常在第一作者后加“等”字)，文章标题，期刊刊名和期号。 b. 在书籍的参考项目中，依次为作者姓名，书名，出版社名，出版时间及页数。 ⑦附录：相关说明，可有可无
学术论文	①学术论文的分类：理论探讨性、论证性论文；综合论述性论文；预测性论文。 ②学术论文的结构：标题、内容摘要、序言、正文、结论与讨论、引文注释与参考文献。 ③学位论文：规范性的学术论文，体制规格上要求严格，主要反映高校本科生、研究生经过几年的系统的专业学习，进行某方面研究的结果

3. 教育研究成果表述的要求

表 14－3　教育研究成果表述要求

要点	具体内容
对教育研究成果质量的判断	①理论构建的完备。 ②对实践的指导作用。 ③鲜明的创新性。 ④切合实际，针对性强。 ⑤研究方法科学规范。 ⑥对研究结果的解释合理。 ⑦结构严谨、完整，论证深刻有力。 ⑧文字精练，简洁流畅，具有可读性
撰写研究报告和论文的基本要求	①在科学性的基础上创新。 ②观点和材料统一。 ③在独立思考的基础上借鉴吸收。 ④语言文字精练简洁，表达要准确完整

考点二、教育科学研究的质量评价

1. 教育科学研究质量评价的功能

(1)外化教育科学研究价值，发挥教育研究在提高教育质量和制定教育决策方面的价值效益。

(2)得到反馈信息，对研究目标、过程和方法进行调整，总结成绩，提出问题，更好地把握方向。

(3)搜集有关资料，使行政领导部门加强对本地区、本单位教育科研的宏观调控和指导。

(4)确立进行教育研究的基本要求，科学地指导教育研究逐步达到高质量高水平，建立具有中国特色的研究方法论体系。

2. 教育科学研究质量评价的内容

表 14－4　教育研究成果评价内容

要点	具体内容
目标评价	①研究课题的价值效益以及选题的基础性、创新性。 ②概念系统的完备性、可靠性及内在的逻辑性
过程评价	①整个研究结束后对研究过程进行全面系统的反思。 ②研究过程中随时审视考察，及时发现并预测实施过程中潜在的问题
成果评价	①鉴定是不是教育研究的成果，是否具有理论性、学术性、创造性、实践性以及培养目标实现后的效益。 ②区分研究成果的类型，对不同类型的研究成果评价有不同的侧重点
条件评价	①实质是效益评价。包括对人力、物力状况的评价。 ②在评价时指标体系要有一定弹性，将教育研究投入的人力、物力进行综合比较

3. 教育科学研究质量评价的指标体系要求

(1)客观性。指标体系必须反映目标总体，与目标一致。

(2)可测性。每个指标都是可以进行实际测量或观察的，同一层次的指标相互独立。

(3)简易可行。确保指标体系科学完整的前提下简化指标体系，剔除信息量少、区分度和效度不高、操作困难的指标。

4. 教育科学研究质量评价的方式及方法

表 14－5　教育研究成果评价方式及方法

要点	具体内容
教育研究质量评价的方式	①研究者自我评定。 ②同行专家论证。 ③行政部门评审
教育科学研究质量评价的方法	①评价指标体系的设计方法。 ②选择或制作评价工具的方法。 ③采集和分析评价数据资料的方法。 ④对评价结果的解释与检验方法。 ⑤对评价误差客观原因和心理原因的分析与矫正。 ⑥计算机技术与方法在评价中的应用
选择和应用评价方法应处理好的关系	①科学性和可行性的关系。 ②定性评价与定量评价的关系。 ③自评与他评的关系

14.2 典型题(含考研真题)详解

一、单项选择题

1. 下列选项中，符合研究课题表述规范的是(　　)。[统考2019年研]

A. 如何指导学生课外阅读

B. 学生数学能力培养的实验研究

C. 积极心理学视野下小学生问题行为转化研究

D. 基于网络平台的初中化学实验教学策略研究与探索

【答案】C

【解析】好的课题题目应该符合以下要求：①能体现研究的范围、对象、内容等。②题目内容最好涉及两个变量。研究题目涉及两个变量之间的关系，研究的内容会变得清晰、具体。③题目中不要用疑问句形式，作为课题题目必须要用陈述句加以描述。④题目中避免价值判断。⑤必须是可检验的、可操作的。A项，疑问句不符合③；BD两项，可操作性不大，不符合⑤。

2. 撰写学术论文时，把论点分为若干层次，论证时逐步展开，直到最后得出结论的方法是(　　)。[统考2011年研]

A. 平列分论式　B. 平列层递式　C. 层递推论式　D. 层递平列式

【答案】C

【解析】学术论文本论部分的结构安排一般有平列分论式、层递推论式和平列层递结合式等类型。平列分论式，即围绕课题的中心论点设立若干分论点，这些分论点和中心论点是垂直关系，分别论证中心论点，而各个分论点之间则呈平列关系；层递推论式，即把论点分为若干个层次，论证时层层展开，步步深入，直到最后得出结论，文章中各层次之间呈递进关系；平列层递结合式则是综合上述两种形式的特点来论证。

3. 在教育研究报告中，研究中使用的调查问卷一般放在(　　)。[江苏大学2015研；统考2010年研]

A. 前言部分　B. 正文部分

C. 结论和建议部分　D. 附录部分

【答案】D

【解析】一般而言，教育调查报告撰写的基本结构从提出问题、分析问题到解决问题，大体上由标题、前言、正文、结论及附录五部分组成。其中，附录的内容包括用于收集和分析资料的调查表(或问卷)，部分原始资料、少数典型个案资料、研究记录等。

4. 教育科学理论研究的成果主要表现为(　　)。

A. 学术论文　B. 实验报告　C. 教育调查报告　D. 教育经验总结

【答案】A

【解析】从字义上解，“学术”是指专业而系统的学问，“论文”指研究讨论问题的文章。简而言之，学术论文是科学研究成果的文字表述。

5. 学术论文一般包括(　　)。
A. 题目、摘要、引言、正文、结论与讨论、注释与参考文献等部分
B. 题目、摘要、引言、正文、结论等部分
C. 题目、前言、方法、结果及讨论等部分
D. 题目、前言、正文、结论及附录等部分
【答案】A
【解析】无论哪一类学术论文，形式规格基本上要遵循“绪论－本论－结论”的逻辑顺序。规范性学术论文的框架结构，一般包括六个主要部分：题目、摘要、引言、正文、结论与讨论、注释与参考文献等部分。

6. 教育实验研究报告的主要部分是研究的(　　)。
A. 结果　　B. 方法　　C. 讨论　　D. 目的
【答案】A
【解析】结果是研究报告的主要部分，要求简要地说明每一结果与研究假设的关系，将研究结果作为客观事实呈现给读者。

7. 教育实验研究报告一般包括(　　)。
A. 题目、摘要、引言、正文及注释等部分
B. 题目、摘要、引言、正文及结论等部分
C. 题目、前言、方法、结果及讨论等部分
D. 题目、前言、正文、总结及附录等部分
【答案】C
【解析】实验研究报告是对整个教育实验研究的全面总结。实验研究报告的撰写对该实验的总结与推广起着重要作用。其基本框架结构包括题目、前言、方法、结果、讨论等部分。

8. 以教育理论为主的科学研究成果是(　　)。
A. 实验报告　　B. 学术专著　　C. 观察报告　　D. 调查报告
【答案】A
【解析】实验研究报告是对整个教育实验研究的全面总结。通过阅读实验报告，使人们对该实验有全面系统的了解，为他们评判、接受或应用这一实验研究成果提供依据。因此实验研究报告的撰写对该实验的总结与推广起着重要作用。

9. 按照研究目的，学术论文可分为三种基本类型，其中不包括(　　)。
A. 理论探讨性、论证性论文　　B. 预测性论文
C. 专题性论文　　D. 综合论述性论文
【答案】C
【解析】学术论文按研究目的可分为三种基本类型：①理论探讨性、论证性论文；②综合论述性论文；③预测性论文。

10. 建立评价指标体系应遵循以下要求(　　)。

A. 客观性、可测性、简易可行性

B. 有效性、可测性、简易可行性

C. 客观性、可测性、通俗易懂

D. 主观性、客观性、可测性、简易可行性

【答案】A

【解析】建立评价指标体系应遵循以下要求：①客观性。指标体系必须反映目标总体，与目标一致。②可测性。也称有效性，指确定的每个指标都是可以进行实际测量或观察的，同一层次的指标，不应相互重叠，不存在因果关系，是相互独立的。③简易可行。指标体系不宜庞杂，要在确保指标体系科学完整的前提下力求简化指标体系，剔除信息量少、区分度和效度不高、操作困难的指标，不断改善指标体系的品质。

二、简答题

1. 学术论文的构成。［海河大学 2018 年研］

答：在教育科学研究领域，无论是应用研究、发展研究还是基础研究，只要对所研究的教育问题提出了新见解、新观点，或采用了新材料，运用了新方法，得出了新结论，或站在新的高度对原有理论做出新的解释和论证，研究者将获得的科学研究新成果写成文章，就称为学术论文。学术论文总的特点是学术性。具体表现为创新性、科学性实践性。规范性学术论文的框架结构，一般包括以下六个主要部分：

（1）标题

标题是论文内容的高度概括，向读者说明研究的问题及意义。一个好的学术论文题目，一般应符合三个方面要求：准确概括论文内容，能反映研究方向、范围和深度；文字简练，具有新颖性；便于分类。

（2）内容摘要

摘要是研究的主要内容与结构的简介，并略加评论。它不是整个论文的段落大意，其作用在于使读者通过这段概括简洁的文字，了解全文主题及主要内容，从而决定是否值得阅读全文。

（3）序言

序言写在正文之前，用于说明写作的目的、意图及研究方法。序言的具体内容一般包括三个方面：一是阐明研究的背景和动机，提出自己所要研究的问题；二是简介研究方法和有关研究过程；三是概述研究成果的理论意义和现实意义。

（4）正文

正文是学术论文的主体部分，包括论点、论据、论证，是作者研究成果的表现，因此在整个论文中占极重要地位。正文的书写要注意事实材料的可靠以及理论的运用，论据要丰富充实，论证要遵循一定逻辑思维的要求，注意主次，抓住本质，分出层次，条理清楚，以体现研究的力量。

（5）结论与讨论

结论是围绕正文所做的结语，将研究成果进行更高层次的精确概括。结论的措辞要严谨，逻辑要严密；讨论是从理论上对研究结果的含义和意义进行分析、解释和评价，往往

用于自然科学的学术论文。

(6)引文注释与参考文献

引文注释分为页末注、文末注、文内注以及书后注。其引用文字要求注明出处，转引的要说明是采用了别人的某些理论观点或事实材料。文后所列的参考文献，应有完整准确的出处，以便于读者查找。参考文献的呈现应按规范的格式要求。

2. 简述编制教育科研成果评价指标体系应注意的要求和方法。

答：(1)编制教育科研成果评价指标体系应注意的基本要求

①一致性，即评价指标体系须与总体目标一致。

②独立性，即所确定的评价指标应具相对独立性，外延不交叉。

③可测性，即标应当具体，用可操作化语言表达，并可以进行测量或观察。

④可行性，即可应用，有效性高。

(2)建立教育实验评价指标体系的方法

①要对教育实验目标进行科学分析。

②要了解编制教育实验评价指标体系的一般程序。

③在指标体系建立过程中，要用质和量的方法对每项指标及其指标体系的构成结构进行检验。在综合分析时，既要考虑指标系统的因素构成，又要考虑指标系统各因素的关系程度。

④要使评价指标有个性特点。

3. 简述教育研究质量评价的内容。

答：教育科学研究的复杂过程包括不同的阶段，每个阶段都有自己的要求和标准，从而形成了评价内容的多层次结构，总的来说，可分为：

(1)教育研究目标的评价

①教育研究的探索活动总是在一定“新”观点指导下并对这个“新”观点进行检验；或者是在若干经验基础上归纳出一个“新”观点。与之相应则是要构建一定的理论模型。因此，目标评价实质上是对教育研究理论思路和构建的理论体系的评价。

②在评价目标时要重点考虑：a. 研究课题的价值效益以及选题的基础性、创新性。b. 所构建的理论体系以及概念系统的完备性、可靠性和内在逻辑性。

(2)教育研究过程的评价

①研究过程包括研究的准备、研究的实施、研究的总结三个阶段，因此，过程评价也是对诸如研究问题的确定，研究设计，搜集、整理、分析资料数据形成科学事实，确立新的科学理论等每个环节进行评价。

②过程评价包括两类：a. 一类是整个研究结束后对研究过程进行全面系统的反思；b. 另一类则是在研究过程中随时审视考察，以便及时发现并预测实施过程中潜在的问题。

(3)教育研究成果的评价

①研究成果一般有三种基本类型：a. 理论性研究成果；b. 应用性研究成果；c. 两种成果兼而有之。

②成果评价需要注意：a. 首先要鉴定其是否具备研究成果的资格，作为研究成果，应

具有理论性、学术性、创造性、实践性以及培养目标实现后的效益；b. 不同类型的研究成果评价侧重点是不同的：理论性研究成果的侧重点主要有：对教育科学新思想的解释论证，提出新的教育科学概念，补充和发展新的教育理论和思想，提出有生命力的研究课题，在教育研究方法论上的创新等。应用性研究成果的侧重点主要有：学生素质的培养，改进教育教学工作的新措施的提出，教师教育观念的更新与研究能力的提高等。

(4)教育研究条件的评价

①条件评价的实质是效益评价，即对人力、物力状况，如教师水平、学生来源、学校设备等的评价。

②不同教育研究的起点存在差异，各种条件也常常悬殊较大，因此，在评价时不仅应使指标体系有一定弹性，看到事实存在的不平衡，更重要的是应将教育研究投入的人力、物力进行综合比较。

总的来说，在具体的评价中，以上四方面内容应作为整体加以考虑，此外，教育研究具有迟效性，短时间内往往很难做出明确的界定，因此，不能以某次考评分数来定成败。

三、论述题

试述撰写研究报告和论文的基本要求。

答：撰写研究报告和论文的过程中，应该遵循以下要求：

(1)在科学性的基础上创新

①学术论文的中心是创新，能反映作者在研究探索中获得的新见解，新理论，从而区别于教科书。教科书是系统论述已确定了的科研成果的理论观点，全面叙述该学科的一般基础知识。而研究论文阐述的内容是“前人所没有研究过”“前人所未知的”，或者在前人研究基础上，以新的材料、从新的理论高度进行探索，从而提出自己的真知灼见。要独立探讨，不能人云亦云，重复别人的工作。当然，创新不是说一篇论文从头到尾都要新，但要有一些新的开拓，要在原有研究基础上发掘出一些新的研究成果。

②创新，必须以科学性为基础。研究报告和学术论文的科学性主要表现在：

a. 要用充分的论据和严密的论证，或精确可靠的实验观察数据资料来证明科研成果。

b. 论文内容要实事求是，从实际出发，无论是立论还是分析、论断，都要恰如其分，正确反映客观规律。

c. 理论观点表述要准确、系统和完整。尤其是学术论文，是规范性的理论文章，区别于新闻报道、小说、散文及政论文，必须强调科学性、严谨性。

(2)观点和材料的一致性

①要从客观存在的事实中引出正确的结论，就必须对研究中获得的大量的材料进行提炼、取舍，精选出最有价值、最典型的事实材料作为论据。如果不重视事实材料的论证作用，东拼西凑，空洞说教，铺陈现象，不加选择鉴别，集纳式的举例，同样是写不好研究报告和论文的。因此，如何处理观点和材料的关系，是写好研究报告和论文的关键问题。

②观点和材料的统一，主要问题在于如何选材。选材不是按研究者主观愿望任意“剪裁”取舍，而应符合以下要求：

a. 要紧紧围绕研究的主要问题选材，分清主次。

b. 选取典型的、具有广泛代表性和说服力的材料，使材料的量与质把握得当。

c. 选取真实准确、符合客观实际的材料，也就是说要鉴别材料的真伪和价值程度。

d. 要尽可能选取新颖生动、反映时代感的材料。在此基础上，经过研究者对材料的正确、深刻、集中的分析、归纳和综合，提取论点，选择论据，概括出结论。

(3) 在独立思考的基础上借鉴吸收

①教育研究是一个复杂的系统工程，需要几代人的不懈努力。每一代人总是在前人或他人研究基础上往前推进，哪怕是很小的一步。因此，在研究报告和论文的撰写中，必须正确处理借鉴吸收别人研究成果与自己的独立思考的关系。一方面不能故步自封、闭门造车，无视前人与他人研究成果。另一方面，那种为介绍而介绍，对所引用的观点及文献只述不评或任意引申发挥的做法也是欠妥的。

②对引用的观点和文献，首先要搞清作者的原意，文献的内容的价值，从中挖掘实质性问题，从而加强论证的针对性。第二，要善于从众多的研究成果和史献中选择最典型的、富有说服力的材料。那种简单列举和大量堆砌的做法反而会降低引用材料的论证作用，并使文章臃肿拖沓。

(4) 语言文字精练简洁，表达要准确完整

研究报告和论文的语言文字要准确、鲜明、生动。准确，是指忠实客观地反映现实，切忌浮华夸张，既不可以日常生活用语代替科学术语，也不可生造词语以免造成理解上的歧义。鲜明，无论要点、要义或要据，要清楚明白。生动，则要求语言要讲求文采，不要生硬地宣布真理，我们要在忠诚准确基础上讲文采，以最少的文字表达更多的内容。我们应有好的文风，那种强词夺理、盛气凌人，或闪烁其词、言不达意，或人云亦云、言无新意以及言过其实和言不由衷，都是应该反对的。

总之，在学术论文或者研究报告的写作过程中，一定要遵循以上的基本要求和规范。通过自身的修养对论文进行反复推敲修改。通过删繁去冗，字斟句酌，精雕细刻，使论点更加突出，论述更加严谨，文字更为简练。只有这样，才能在最大程度上有利于整个科研过程的顺利进行和发展，促进教育发展的同时也提升了自身修养。

第15章　教育科学研究的组织及其效能

15.1　复习笔记

【知识框架(庖丁解牛)】

- 教育科学研究的组织及其效能
  - 科研群体的类型及其优化组合的原则
    - 科研群体概述
    - 群体科研的基本类型
    - 科研群体优化组合的基本原则
  - 研究者个体科研能力结构及其培养
    - 教育研究能力的基本结构
    - 研究者教育科研能力的发展

【复习向导(切中肯綮)】

我国目前的教育科研在取得较大成就的同时，还存在着科研主攻方向不明确、情报信息搜寻机制不健全以及科研工作力量不均衡等问题，导致科研效率较低、真正能够推动教育实践发展的具体成果不够多。本章主要探讨的是如何在各方面条件有限的前提下，有效组织各方科研力量，提高教育科研的质量和效益。对于这些内容，学习者应适当了解。

【考点归纳(游刃有余)】

考点一、科研群体的类型及其优化组合的原则

1. 科研群体概述

表15－1　科研社群概述

要点	具体内容
定义	科研群体是指将相同专长或不同专长的人组织成课题组进行科研的一种形式
特点	①在同一群体中，有共同的研究方向和共同研究的课题。 ②群体内组成人员在知识、技术、能力、专业等方面异质互补。 ③群体有一定组织结构及行为规则，以约束和规范每个成员的行动，从而在组织体制上保证科研群体的正常运转。 ④群体由理论基础宽厚扎实，有丰富经验，作风正派，具有组织能力的人担任课题负责人，并在群体内形成一支积极主动、认真负责的骨干研究力量
群体科学研究优势	①人员结构合理，通过协作提发挥出群体的整体效应，具有灵活性和适应性。 ②有利于建设、发展学术梯队，培养学术研究的骨干。 ③有利于从多种渠道争取经费，保证有较足够的经费投入和提供较好的设备条件

2. 群体科研的基本类型

(1)以专业为基础的学科科研课题组结构模式。

(2)以教育实际问题为中心，在基层教育组织建立的三级(市、区教育机构和中小学学校教研室)教育科研课题组结构模式。

(3)以教育实验研究为基础，理论研究工作者与教育实践工作者相结合的科研课题组结构模式。

3. 科研群体优化组合的基本原则

表 15－2　科研群体优化组合的基本原则

要点	具体内容
增强聚合力	成员自觉地服从于同一活动目标，团结协作，树立集体主义精神
层次结构合理	①优化组合各专业人才。 ②根据课题性质，恰当的选择和搭配人才结构。 ③尽可能老、中、青相结合
管理制度化、规范化	①制定科研工作条例，作为科研工作的行动指南和活动依据。 ②加强对课题研究过程管理。 ③建立科学研究资料情报网络和信息库，加强教育信息的收集、整理与交流

考点二、研究者个体科研能力结构及其培养

1. 教育研究能力的基本结构

(1)定向能力，准确抓住今后有发展前途的研究方向。

(2)理论思维能力，善于从理论上思考教育问题。

(3)创造能力，产生新思想、发现和创造新事物的。

(4)动手实践能力，运用一定的方法手段，进行有意识有目的地变革教育现象的物质活动能力。

(5)评价分析能力，客观公正地对自己和他人所进行的科研过程、科研成果的评价分析。

(6)组织科研活动的能力。

2. 研究者教育科研能力的发展

(1)坚持学习科学理论，形成自己合理的知识结构。

(2)扎根于教育实践，努力发现有重大意义的科研课题。

(3)要有责任感，扎扎实实，实事求是，要有严谨、严肃和严格的治学作风。

(4)博采众长的基础上形成自己的研究风格。

15.2　典型题(含考研真题)详解

一、单项选择题

1. 群体科研的基本类型不包括(　　)。

A. 以专业为基础的学科科研课题组结构模式

B. 结合教育的主观、客观实际，在基层教育组织建立的二级、三级教育科研课题组结构模式

C. 以教育实际问题为中心，在基层教育组织建立的三级教育科研课题组结构模式

D. 以教育实验研究为基础，理论研究工作者与实践工作者相结合的科研课题组结构模式

【答案】B

【解析】群体科研的基本类型包括：①以专业为基础的学科科研课题组结构模式；②以教育实际问题为中心，由基层教育组织建立的三级教育科研课题组结构模式；③以教育实验研究为基础，理论研究工作者与教育实践工作者相结合的科研课题组结构模式。

2. 合理的科研群体层次结构应全面考虑以下几方面，除了(　　)。

A. 专业结构　　B. 智能结构

C. 年龄结构　　D. 体能结构

【答案】D

【解析】合理的科研群体层次结构应全面考虑以下几方面：①专业结构，教育研究对象的复杂性决定了多学科的参与，需要有懂得教育学、心理学、生理学、脑科学、教育统计学、教育社会学等各领域的专门人才；②智能结构；③年龄结构，不同年龄的人具有不同的经验，要尽可能老、中、青结合。

3. 狄德罗认为研究自然科学的三种主要方法不包括(　　)。

A. 准备　　B. 观察　　C. 思考　　D. 实验

【答案】A

【解析】狄德罗将观察、思考和实验列为研究自然科学的三种主要方法，认为观察搜集事实，思考把它们组合起来，而实验则是证实组合的结果。教育科学研究也是同样，观察、思考和实验应该立足于教育实践的基础上，越是抽象的原理，越要努力从实际中汲取营养和力量。

4. 在"基层教育组织建立的三级教育科研课题组结构模式"中，三级指的是(　　)。

A. 市教育机构、县教育机构、乡镇教育机构

B. 县教育机构、乡镇教育机构、中小学学校教研室

C. 市教育机构、区教育机构、中小学学校教研室

D. 县教育机构、区教育机构、中小学学校教研室

【答案】C

【解析】以教育实际问题为中心，在基层教育组织建立的三级教育科研课题组结构模式。这里所说的"三级"，指市、区教育机构(如教科所、教育学院、教研室等)和中小学学校教研室。课题组一般由三部分人组成，即行政领导干部、有某方面专长的教育研究人员以及有丰富教育实践经验的教师。

二、辨析题

中小学教师的教育研究与专门研究者的教育研究没有区别。［南京师范大学 2017 年研］

答：该观点错误，具体分析如下：

教师的教育研究和专门研究者的教育研究之间的不同可以概括为以下几个方面：

(1)专门研究者是描述和解释教育的研究，教师的教育是改进教育的研究

①专门研究者的教育研究主要是一种以理论探讨为取向，重在描述和解释教育的研究，从而达到理论上的突破、创新和建树。

②教师的教育研究主要是一种直接指向实践、重在改进教育教学工作的研究，其所研究的问题一定是自己学校中的、自己课堂中的、自己学生中的、自己教学中的。

可以说，教师的教育指向变化中的教育现实和教育未来；专门研究者指向教育的过去，解释教育的现实。

(2)专门研究者是置身教育之外的教育研究，教师是置身教育之中的教育研究

①专门研究者也研究教育实际问题，但受条件的制约，只能以“旁观者”的身份，在教育之外研究教育。

②教师是教育过程的当事人，置身于真实、鲜活的教育教学情境之中，并自始至终亲历现场，能够自然地以参与者身份在教育之中研究教育。

因此，旁观式研究即使有效，也仅仅是用于描述教育事态现象；而参与式研究却适合于揭示教育事件的深层状态。

(3)专门研究者是关于教育的研究，教师的教育是为了教育的研究

①专门研究者直接的研究目的是促进教育知识的增长，他们的研究是关于教育的研究。

②教师直接研究的目的是改进教育教学工作；虽然教师的教育研究有助于对教育理论的贡献，但一开始并不取悦理论界，也不勉为其难仿效他们的研究方法。

三、简答题

1. 简述教育研究能力都包括哪些方面？

答：众所周知，研究者应结合研究实践，不断提高自己的科研能力，而教育研究能力是一个综合的能力结构，具体包括以下能力：

(1)定向能力

研究者应具有在大量教育问题中准确地抓住今后有发展前途的两三个研究方向的胆识，不仅能准确判断某个课题该不该做、值不值得做，而且也能把握住自己最突出的兴趣和特长，明确自己能不能做。这种科学的预见，即人们常说的“远见卓识”。

(2)理论思维能力

能在纷繁复杂的教育现象中，把某个教育现象的本质提炼出来并准确地把握问题的实质，同时善于从一个基本思想导出一系列新的见解，善于从理论上思考教育问题。

(3)创造能力

即产生新思想、发现和创造新事物的能力。研究者要善于借助直觉、联想和想象以发现问题和解决问题，富于开拓创新，敢于突破原有理论框架，从新的角度和高度分析研究教育问题。

（4）动手实践能力

动手实践能力是研究者运用一定的方法手段，进行有意识有目的地变革教育现象的物质活动能力。

（5）评价分析能力

即综合力和判断力，包括客观公正地对自己和他人所进行的科研过程、科研成果的评价分析。

（6）组织科研活动的能力

应该看到，组成教育科研能力结构的六种能力，每个人发展的水平是不平衡的，从而形成了每个人不同的研究风格。有的人可能擅长于教育的理论研究，而有的人则可能在进行教育实验操作性研究方面更具有特长。如何从教育科研能力结构中推论出教育科学研究的风格类型，是一个有待研究的十分有意思的课题。

总之，进行教育科学研究是一个复杂的认识过程，了解一些科研知识，掌握一些具体研究方法，只是为进行科学研究提供了基础。从学习教育研究知识到形成科研能力，中间经过了两个转化：一是在初步实践基础上将科研知识转化为教育研究操作技能，二是通过参与实际课题的研究，将科研技能转化为研究能力。

2．研究者要使自己的研究能力尽快提高，应该如何实践？

答：教育科学研究能力的发展、水平的高低受多方面因素的影响。从内在因素分析，直接与研究者个人的思想素养、基本能力以及科研操作技能水平有关，这也正是从事教育研究应具备的基本因素。那么，研究者要使自己的研究能力尽快提高，就要做到：

（1）坚持学习科学理论

科学理论，包括马克思主义世界观和方法论，教育科学的基本理论以及相关学科理论。学习理论的目的，首先在于确立科学的价值观和掌握科学的方法论，同时提高自己对教育问题的洞察力。

研究者要有对科学真理执着的追求，绝不可将科研、学术研究作为一种追求名利的敲门砖。做不到这一点，就不可能在教育研究中集中精力，做到超脱和专一。学习理论，培养理论思维的头脑，才能使自己有“一眼看穿”的洞察力，迅速透过现象抓住本质，抓住彼此间的联系。特别是需要结合自己确立的研究方向，有意识的形成自己合理的知识结构。

（2）扎根于教育实践

实践出真知，教育实践是教育科学发展的基础和源泉。只有亲自参加实践，勤于观察，勤于思索，才能发现该时代有重大意义的科研课题，而不会把主要精力耗费在无现实意义的琐碎问题中。也只有满腔热忱地投身于教育实践，研究实际问题，才能找到解决问题的真正答案。

（3）要有良好的学风

进行教育科研的目的在于发展中国的教育事业，因此要有责任感，对人民、对科学、对历史负责。要扎扎实实，一丝不苟，要实事求是，坚持真理，修正错误，要有严谨、严肃和严格的治学作风。

（4）在博采众长基础上形成自己的研究风格

研究风格体现在独特的研究方向和研究方法中，研究风格的形成是一个研究者在研究能力方面达到成熟的标志。对刚刚步入科研的年轻人来说，要形成自己的研究风格，首先要虚心地向各位大师学习不同的研究风格。

综上所述，涵盖了一个尽快提升的研究者应该着手的范围和方向，也只有真正做到以上几方面，才会在自己所研究的领域有所建树。同时，作为年轻的实践者，从学生时代起，就要注意学习不同学者的治学和研究风格，抓准本学科领域最有发展前途的方向，尽快形成自己的研究方法风格，这是提高科研能力的有效之路。

3. 简述科研群体的基本特点。

答：科研群体，是指将相同专长或不同专长的人组织成课题组进行科研的一种形式。其特点是：

(1)在同一群体中，有共同的研究方向和共同研究的课题。

(2)群体内组成人员在知识、技术、能力、专业等方面具有不同的特质，各有专长。不同知识能力结构，不同的思维方式，不同的研究风格，从而形成异质互补的趋势。

(3)群体不是单个人的简单集合体，而是有一定组织结构及行为规则，以约束和规范每个成员的行动，从而在组织体制上保证科研群体的正常运转。

(4)群体由理论基础宽厚扎实，有丰富经验，作风正派，具有组织能力的人担任课题负责人，并在群体内形成一支积极主动、认真负责的骨干研究力量。

群体科学研究，由于人员结构合理，通过协作提高了个人的科研能力，发挥出群体的整体效应，因此具有很强的灵活性和适应性。既能承担难度大的理论性课题，又能承担针对性强的应用性研究课题和决策性研究课题，并且能从一个研究方向迅速转到相关的另一研究方向，高质量地完成科研任务并尽快地出成果。群体科研，有利于建设、发展学术梯队，培养学术研究的骨干，尤其是使中青年研究人员，通过课题研究迅速增长经验和才干。

四、论述题

试述科研群体优化组合的基本原则。

答：科研群体是一个有一定结构的具有特定功能和运动规律的整体系统，要最大限度地发挥科研群体的整体性的功能，就应遵循以下基本原则：

(1)增强科研群体的聚合力

①聚合力，是一种群体成员的凝聚力、向心力。群体内的每个成员都应自觉地服从于同一活动目标，形成浓厚的团结协作氛围，树立集体主义精神，也就是说要形成合力。缺乏凝聚力的科研群体是很难胜任高难度、高质量的科研工作的。

②要使科研群体有强的聚合力，关键在于需要有良好的科研氛围，表现在群体成员对研究目标有共同的思想基础，对所研究的课题的重要意义有清楚的认识，并决心为完成这一研究课题而不懈奋斗；表现在群体成员对集体荣誉的自觉维护，严肃认真完成所承担的任务并能很好地相互协调合作。而每一成员主体性的充分发挥，又取决于要有一个有威信的、作风民主的领导核心。

(2)科研群体要有合理的层次结构

①按系统科学方法论观点，任何系统都具有多层次的结构，系统功能取决于系统内部各要素结构的程序。科研群体的层次结构是否合理，同样关系到群体研究潜能的发挥。

②合理的科研群体层次结构应全面考虑以下几方面：

a. 专业结构。教育研究对象的复杂性决定了多学科的参与，需要有懂得教育学、心理学、生理学、脑科学、教育统计学、教育社会学等各领域的专门人才。尤其是带有综合性或边缘性质的研究课题，更需要各专业人才的优化组合。

b. 智能结构。据大量研究说明，不同人有不同的智能特长，有人擅长于抽象逻辑思维和推导演绎，而有的人却擅长于具体形象思维；有的人善于观察实验和操作，有强的动手能力，有的人则具有出众的理解力和很强的分析整理、综合归纳能力，因此，需要根据课题的性质，恰当地选择和搭配人才结构。

c. 年龄结构。不同年龄的人具有不同的经验，要尽可能老、中、青结合。老一代研究者理论功底雄厚，学识渊博，经验丰富，考虑问题辩证而全面，但体力和精力有限。中年研究人员年富力强，有一定的实际工作经验和独立工作能力。青年研究人员朝气蓬勃，知识结构较新，思维敏捷，不拘泥于陈规，易于接受新事物，但缺乏经验，阅历较浅。三部分人结合，将发挥出结合的研究效益。

(3)科研课题管理制度化、规范化

①要制定科研工作条例，作为科研工作的行动指南和活动依据。按照国家教育发展的阶段计划进行统一规划，分级管理。并明确确定本地区、本单位一定时期内科研的主攻方向和研究重点，避免选题重复。

②加强对课题研究过程管理。即做好课题立项、论证、阶段检查工作。具体内容包括：负责任务的组织落实，了解检查和督促课题进展情况并进行必要的指导；组织好初期的课题论证、中期课题检查和后期的成果评价与鉴定。要将学术研究、行政管理与经济管理有机结合起来。

③要建立科学研究资料情报网络和信息库，加强教育信息的收集、整理与交流。另外，在有条件的地区和单位，可拨专款设立教育科研基金，尤其是对刚刚起步的、有发展前景的、富于生命力的新学科领域研究课题，以及青年研究工作者，给予重点扶持。

综上所述，科研群体优化组合的基本原则涉及面非常详细可行，而且在实践过程中应该在充分理解的基础上，结合客观实际灵活运用。基本原则来源于实践，应更进一步的服务于实践，应用于实践。在扎实的理论基础上，结合原则以及各种客观因素，有的放矢，使科研群体得以优化组合。